A SOBERANIA NA ORDEM ECONÔMICA *versus* A DESESTATIZAÇÃO DO DINHEIRO: O CASO BITCOIN
O MERCADO FINANCEIRO NA INTERNET, SUA (DES) REGULAÇÃO, CONSEQUÊNCIAS E EXTERNALIDADES

Porto Alegre
2017

Agradecimentos

Agradeço imensamente à Universidade Federal do Rio Grande do Sul e a sua Faculdade de Direito, por terem fornecido os meios para que este trabalho se desenvolvesse. Também agradeço a meu orientador, Professor Ricardo Antônio Lucas Camargo, por todo o auxílio na elaboração e desenvolvimento deste trabalho.

Igualmente importante, o apoio incondicional de minha esposa Celeste Berté de Marco.

Sumário

PREFÁCIO 6
INTRODUÇÃO 10
OBJETIVOS ESPECÍFICOS 25
1 – O BITCOIN: A MOEDA DIGITAL 32
1.1 – Introdução 32
1.2 – O projeto de criptomoedas 44
1.2.1 - Histórico do Bitcoin 48
1.3 – Definição 52
1.4 – A premissa central da criptomoeda: liberdade sobre o monopólio estatal de emissão de moeda 57
1.4.1 - Como funciona a rede Bitcoin 66
1.5 – Crítica 104
2 – A MOEDA COMO VALOR INSTITUCIONALIZADO SOCIALMENTE 112
2.1 – A moeda 112
2.2 – Breve histórico sobre a moeda 129
2.3 – Conceito de moeda 150
2.4 – A questão convencional 157
2.5 – Estatuto jurídico-econômico da moeda 164
3 – O PAPEL DO ESTADO NO MONOPÓLIO DA EMISSÃO DE MOEDA 179
3.1 – A soberania 179
3.2 – A democracia e a soberania: valores excludentes? .182
3.3 – Há uma crise do conceito de soberania? 244
3.4 – Conceito de soberania: a soberania como *Dominium* e como *Imperium* 252
3.4.1 – A soberania como *Dominium* 254
3.4.2 – A soberania como *Imperium* 264
3.5 – A soberania como ordem jurídica e na ordem jurídica política econômica 273

4 – SOBERANIA NACIONAL NA ORDEM ECONÔMICA COMO ORDEM JURÍDICO-POLÍTICA-ECONÔMICA290
4.1 – Política monetária 290
4.2 – A política monetária como expressão da soberania estatal 307
4.3 - O modelo do jogo do banco central 326
4.3.1 – Modelo de monopólio estatal de emissão de moeda: interação em jogo do Banco Central – empregados e empregadores na definição da taxa de inflação, reajuste salarial e meta de inflação. 329
4.3.1.1 Ações e sua ordem no jogo 336
4.3.1.2 - Estratégias 338
4.3.1.3 - Recompensas 338
4.3.1.4 - Equilíbrio 341
4.3.1.5 - Um exemplo numérico 345
4.3.2 – Modelo de moedas múltiplas: interação em jogo entre bancos privados, empregadores e empregados na definição de segmentação de mercado, taxa de câmbio reajuste salarial353
4.3.2.1 - Apresentação da teoria 353
4.3.2.2 - Construção do modelo 356
4.3.2.3 – O mercado oligopolizado 364
4.3.2.4 – O jogo dinâmico com estratégias contínuas: O jogo do duopólio de Stackelberg 369
4.3.2.5 – O problema dos custos marginais sociais 378
4.3.2.6 - Trabalhadores, empresários e comerciantes no cenário de moedas múltiplas e mercado segmentado 382
4.4 – Monopólio necessário ou entidade regulatória necessária? 391
4.5 – Crítica 392
5 – REGULAÇÃO ECONÔMICA DO MERCADO NA INTERNET: A experiência regulatória brasileira: o PL 2303-2015 e a Lei 12865/13 394
5.1 – Introdução 394
5.2 – O PL 2303-2015 396

5.2.1 – A alteração da Lei 12.865/13 399
5.2.2 – A alteração da Lei 9.613/98 409
5.2.3 – O artigo 3º do PL 2303/2015 415
5.2.4 – Crítica 430
CONCLUSÃO 432
REFERÊNCIAS BIBLIOGRÁFICAS 443

PREFÁCIO

CRIPTOMOEDAS – EM BUSCA DOS FUNDAMENTOS PERDIDOS

Um verdadeiro oásis em meio ao deserto: é a sensação que ocorre a quem quer que se depare com a obra de Demetrius Barreto Teixeira, um dos melhores alunos que tive na primeira Turma para a qual lecionei na Universidade Federal do Rio Grande do Sul, e que, depois de um brilhante desempenho no Mestrado da mesma instituição, oferta ao público o exame de um tema pleno de atualidade sobre o qual faltavam, até agora, as investigações acerca dos respectivos fundamentos.

Com efeito, o surgimento das criptomoedas, notadamente do bitcoin, provocou, como costuma acontecer sempre que algo marcado pelo selo da novidade se dá a conhecer, a divisão entre os favoráveis e os contrários ao respectivo emprego, sem que, contudo, houvesse um rastreamento mais aprofundado acerca da sua natureza e dos respectivos fundamentos, providência cada vez mais rara, num mundo em que a velocidade e a quantidade tendem a tornar-se fins em si mesmas, algo que me leva a parafrasear o sucesso de Nat King Cole: num mundo sem descanso como este, a reflexão está chegando ao fim antes mesmo de começar.

Entretanto, sabedor de que só se pode falar seriamente de algo quando se sabe o que é este "algo" – premissa que meu saudoso orientador, Professor Washington Peluso Albino de Souza, sempre demonstrou, pelo exemplo, mais do que pelas palavras -, Demetrius investiga não somente se o bitcoin poderia ou não ser considerado "moeda", como também o que leva algum bem a ser considerado como tal, quando surge, efetivamente, a necessidade de se introduzir este elemento na realidade econômica – o que, de plano, vem a estabelecer o ponto de contacto entre o seu trabalho e a pesquisa que estou a conduzir, acerca das correspondências entre os sistemas econômicos e a Constituição Econômica -, se existe necessariamente como componente da capacidade de definir a moeda a titularidade do poder de coação, bem como a persistência da proposição, posta já desde os primeiros teóricos da soberania, de ser atributo desta o poder de emissão de moeda, se estariam, eventualmente, superados os fundamentos postos para a concentração do poder monetário em mãos do Estado pelas teses voltadas à desestatização do dinheiro. Por isto mesmo que o título é "A soberania na ordem econômica *versus* a desestatização do dinheiro: o caso bitcoin".

Note-se que todas estas questões, longe de interessarem exclusivamente ao economista ou de serem voltadas aos teóricos da ciência política e do Direito, apresentam uma utilidade prática insofismável para o profissional do foro e para o administrador público. Só para ficarmos na área fiscal, o artigo 161 do Código Tributário Nacional estabelece que o tributo deve ser pago em "dinheiro". O conceito de "dinheiro" foi amplamente debatido na jurisprudência quando se pretendeu utilizar precatórios para o fim de solver débitos tributários. Se, em relação aos precatórios, que são provenientes do Judiciário, que não tem competência monetária, esta controvérsia se estabeleceu, é previsível o que pode vir a ocorrer com a denominada "criptomoeda". Outrossim, o inciso IX do artigo 4º da Lei 4.717, de 1965, que sujeita à ação popular a emissão de moeda fora dos parâmetros legais também passaria a comportar releitura.

A dissertação de mestrado do Demetrius Barreto Teixeira, orientada, com orgulho, por mim, defendida com galhardia perante banca composta pelos Professores Paulo Peretti Torelly, Maria Cristina Cereser Pezzella e Kelly Bruch, finalmente, pois, vem a público, enfrentando os pressupostos teóricos relacionados à moeda, sob o ponto de vista econômico e jurídico, e o quanto as denominadas criptomoedas vêm a afetá-los (ou não).

Só tenho a dizer o que se costuma dizer no encerramento de prefácios que não pretendam – como este não pretende – constituir texto de doutrina na "carona" da obra prefaciada: boa leitura!

Porto Alegre, junho de 2018.

Ricardo Antonio Lucas Camargo
Professor da Faculdade de Direito da Universidade Federal do Rio Grande do Sul
Doutor em Direito pela Universidade Federal de Minas Gerais
Presidente do Instituto Brasileiro de Advocacia Pública

INTRODUÇÃO

A importância das discussões que colocam em uma posição de relevância paralela tanto as liberdades públicas e os direitos humanos e a ordem econômica como instrumento de efetivação destas mesmas liberdades tem sido tema recorrente de debates. É no âmbito da ordem econômica e da efetiva regulação dos mercados que os direitos e garantias individuais e coletivos se concretizam.

Contudo, ao longo do tempo, o discurso predominante dentre os cientistas econômicos tem sido o de que a presença do Estado no domínio econômico é sempre desastrosa, devendo a presença estatal se fazer paulatinamente ausente do processo econômico.

Argumentam os defensores de tal posição que os entraves ao desenvolvimento econômico estariam no excesso de regulamentação e no déficit público, decorrentes do número excessivo de atividades que o Estado chamou a si. Sustentam que a volta do livre mercado seria apta a trazer a realidade econômica à trajetória desejada. Trajetória esta em que os preços seriam o resultado da livre negociação das partes. Com isso a inflação seria eficazmente controlada, a economia se desenvolveria e, pela lei de seleção natural, os que mais se esforçassem seriam recompensados, cabendo aos demais prestar-lhes culto e obediência, já que sua inferioridade ter-se-ia restado demonstrada.

Não obstante tais argumentos, os que os sustentam não negam a necessidade de regulação estatal. Isso porque defendem que a passagem de um Estado intervencionista para um Estado liberal absenteísta não se pode dar abruptamente. Assim, utilizam-se de instrumentos intervencionistas para conterem os meios de pagamento e se eliminarem os focos de custo. É com o intervencionismo que se busca, por meio de um reforma do Estado, desfazer os "gargalos" da economia.

Soa contraditório que os defensores de um Estado mínimo, ao serem guindados ao poder estatal, utilizem-se de medidas de política econômica que tanto condenam. No entanto, é compreensível quando se tem em conta que, para que qualquer processo econômico seja eficaz, há a necessidade de um mínimo de segurança jurídica, isto é, há necessidade de um mínimo de previsibilidade para que os negócios sejam encetados.

Diante de tal constatação, é possível compreender a atitude aparentemente contraditória, pois que não há condições para o exercício da atividade econômica sem a regulação desta mesma atividade. Assim, o papel do Estado não se restringe a correção das falhas do mercado, senão a de criar também as condições necessárias para a realização da atividade.

Postas tais premissas, cumpre analisar, no plano da atividade econômica na internet, se estes mesmos pressupostos estão em voga ou, como na concepção liberal clássica, se no âmbito da internet, a atividade econômica é regida pela "mão invisível" do mercado e que, por conta disso, o equilíbrio econômico decorreria das forças inerentes ao mesmo.

Sobre os novos rumos das relações econômicas no ambiente virtual há que se observar a criação da moeda digital e suas implicações para o mercado financeiro e para a soberania estatal mundial. Tal desenvolvimento tecnológico apenas realiza um ideal pertencente a vertente teórica libertária da economia e que tem em Hayek um de seus principais defensores. Tal avanço tecnológico, que não está sujeito a nenhum controle por parte de um órgão central, desafia a legitimidade do regime estatal como controlador da moeda e coloca a questão primordial que é o foco do presente trabalho: *a emissão de moeda por parte de uma autoridade central, vinculada ao Estado, é expressão da soberania nacional na ordem econômica?* Tal questão nos remete a uma questão que também deve ser investigada, qual seja, *se seria possível a soberania nacional na ordem econômica em uma modelo de moedas privadas, isto é, sem controle da emissão por parte de uma autoridade central.* Tais questões exigem um aprofundamento sobre outras questões que se colocam como preliminares a serem investigadas como forma de preparação para a resolução das questões mais amplas anteriormente apresentadas. As questões como: *Qual a relação entre soberania nacional, emissão de moedas e suas implicações sobre os modelos monopolístico estatal e privado concorrencial? Qual o papel do monopólio estatal de emissão de moedas na ordem econômica? Qual o papel da autoridade central na emissão de moedas? O que são moedas digitais? O que é o Bitcoin? O que é Blockchain? Quais as implicações jurídicas da adoção da tecnologia blockchain nas transações comerciais digitais? Existe regulação econômica do mercado na internet? Qual a ideologia constitucionalmente adotada na Constituição Federal a respeito da internet? Quais as consequências econômicas para a atual regulação do setor?*

Da colocação do problema central, conforme proposto acima, surgem ao menos três alternativas para respondê-la, na qualidade de hipóteses provisórias.

HIPÓTESES PROVISÓRIAS

I - Primeira hipótese provisória

Em um primeiro momento, sob uma perspectiva meramente empírica, com base no *sensu comunis*, seria possível concluir como primeira hipótese provisória, *que a emissão de moeda é expressão da soberania estatal, justificando-se o controle estatal de sua emissão.* Tal hipótese se embasaria no fato de que: (1) O Estado, em seu processo de formação, ao assumir a posição de soberano interno, teve no poder de emitir moeda, a expressão de seu supremo poder interno na perspectiva econômica; (2) É fato que os Estados emitem moeda em seus territórios; (3) Muito embora os Estados da UE não emitam moeda em seus territórios, a UE emite moeda única para todos os Estados membros.

II – Segunda hipótese provisória

Contudo, como se, *de tudo que se pode afirmar, também se pode negar*, insta, ante a natureza do objeto que se quer investigar, adotar como segunda hipótese provisória, a negação da primeira a fim de se constatar se esta seria um absurdo. Assim, tem-se como segunda hipótese *que a emissão de moeda não é expressão da soberania estatal, não se justificando o controle estatal de sua emissão*. Embora em um primeiro momento, sem um exame mais rigoroso, tal hipótese possa parecer absurda, ela parece defensável. Há elementos de fato, eventos, que corroboram sua possibilidade, como: (1) O fato de que os Estados da UE não emitirem moedas em seus territórios, não obstante manterem elementos de sua soberania nacional; (2) A própria moeda digital (Bitcoin, Etherium entre outras) depõe contra a vinculação de emissão de moeda por parte do Estado soberano; (3) As chamadas "moedas bancárias" que são reconhecidas como meios de pagamento, reserva de valor e unidades de conta interbancários e (4) o problema do monopólio dos Bancos Centrais na manutenção de uma política monetária de viés inflacionário com a finalidade de exercer o controle da taxa de reajuste dos salários e do nível de emprego esperado. Tal fenômeno fica evidente com a modelagem construída no contexto da teoria dos jogos chamada "Jogo do Banco Central".

III – Terceira hipótese provisória

Diante da constatação de que ambas as hipóteses são perfeitamente defensáveis, busca-se uma via intermediária que pode se mostrar plausível diante de posicionamentos contrapostos. Uma terceira hipótese seria que *a soberania na Ordem econômica se manifesta através da ordem jurídico-política-econômica, em que o controle sobre o volume de moeda em circulação é de interesse público, justificando tanto o modelo monopolístico quanto um modelo regulatório em caso de emissão privada de moedas.* Tal afirmação se escoraria nas premissas fáticas de que: (1) Os Estados emitem moedas em seus territórios; (2) A moeda fiduciária traz em seu bojo a constatação histórica de que deve haver um consenso gerado sobre a confiança de que o meio de troca é "verdadeiro" enquanto valor e bem econômico; (3) Através da política monetária e creditícia o Estado regula o a oferta da moeda no mercado interno com o objetivo de controlar o nível geral de preços; (4) O Estado atua como regulador da emissão e circulação das chamadas "moedas bancárias", verdadeiras moedas privadas que circulam nas transações interbancárias.

Diante da colocação do problema e da constatação de sua complexidade, que permite que, a partir dele, se desenvolvam diferentes pontos de vista, como já demonstrado, torna-se premente, inicialmente, discorrer sobre *como* se apresenta o problema em sua complexidade. Para tal, faz-se necessário definir as balizas da investigação, determinando e delimitando os pontos que serão explorados e em qual contexto que estes pontos serão explorados.

No entanto, para definir e delimitar tais pontos é preciso circunscrever aspectos metodológicos que devem ser usados sob pena de se construir vieses interpretativos que comprometeriam a investigação. Em outras palavras, é preciso determinar *como* tal investigação se processará. Definido o problema, há que se perguntar *como* se pretende respondê-lo, já que o método utilizado é fator determinante para a resposta. Assim, por necessidade teórica se tratará de aspectos metodológicos de forma preliminar, a fim de definir as balizas com que se abordará e se aprofundará no problema.

Em resumo, para se enfrentar a questão posta, há necessidade de se enfrentar tanto questões preliminares de cunho metodológico quanto questões relacionadas ao próprio problema proposto. O exame de tais fenômenos sempre se dará, acima de tudo, sob o enfoque da ideologia constitucionalmente adotada e observará como o atual marco regulatório existente no Brasil se harmoniza, ou não, ao atual estado de desenvolvimento das tecnologias da informação em geral e com as tecnologias financeiras digitais em particular.

METODOLOGIA

O método adotado no presente trabalho é o método analítico-substancial[1], aplicado no âmbito do Direito Econômico, que consiste em promover a análise de um fato originário (político-econômico), para atingir a conclusão (jurídica).

Tal método aplica o processo indutivo para extrair a explicação do fato sob análise. Quando de posse desta, passa-se à dedução, aplicando a explicação obtida às hipóteses supervenientes. Caracteriza-se como método misto, ou seja, reúne o processo indutivo em um primeiro momento, até obter-se a hipótese e, após isso, passa-se ao método dedutivo, no qual as conclusões jurídicas relativas ao fato político-econômico, ao tratar-lhe como fato jurídico em toda a extensão de sua manifestações, é aplicado não só na identificação da norma em que figura como conteúdo, mas

---

1   SOUZA, Washigton Peluso Albino de. Primeiras linhas de direito econômico. 6ª edição. Editora Ltr. São Paulo. 2005, p. 106.

também na elaboração, na interpretação, na aplicação das leis e também na pesquisa científica do Direito Econômico.

HIPÓTESE

De antemão, já antecipamos entender que a terceira hipótese é a que parece mais razoável com a realidade e complexidade contemporânea da política monetária adotada pelos bancos centrais. Assim, entende-se que a soberania estatal se expressa na própria ordem jurídico-política econômica, já que é através da própria coatividade, inerente à ordem jurídica, que o poder estatal se impõe, de forma legítima, sobre a vontade dos particulares.

Desta forma, mesmo que a moeda não seja, necessariamente, emitida pelo ente estatal, todos os atos realizados no âmbito da política monetária, mesmo quando realizados na condição de agente de mercado – compra e venda de títulos no mercado financeiro; compra e venda de moeda no mercado de câmbio – o ente estatal age, tendo como fundamento a competência que lhe foi definida pela ordem jurídica para fazê-lo, ou seja, dentro da moldura normativa que lhe confere tais poderes.

Não obstante a premissa básica do Bitcoin tenha sido a de criar uma moeda que não se submeta ao controle de uma autoridade estatal e, através da tecnologia que lhe dá suporte, a necessidade de uma autoridade certificadora se torna desnecessária, ainda assim, entende-se que no atual estado de coisas, não há como se prescindir do controle externo de uma ordem jurídica que venha a garantir a previsibilidade e segurança nas relações econômicas.

OBJETIVO GERAL

O objetivo geral deste trabalho propõe-se a analisar o monopólio estatal na emissão de moeda como expressão da soberania na ordem econômica quando contrastado com o Bitcoin, moeda digital que coloca em questão tal paradigma.

OBJETIVOS ESPECÍFICOS

- Estudar as principais características do Bitcoin e compreender seu funcionamento e requisitos para sua utilização;
- Estudar a origem da moeda em sua perspectiva clássica, definindo seus elementos sócio-jurídicos definidores;
- Analisar o conceito de soberania em suas diferentes determinações e a sua relação com a ordem jurídica em uma democracia constitucional;
- Analisar as formas de implementação da política monetária das autoridades estatais investigando em que medida estas podem expressar a ordem coativa estatal;
- Analisar a regulação existente no Brasil no âmbito do mercado financeiro a fim de determinar em que medida tal moldura jurídica se aplicaria às moedas digitais.

DIVISÃO DO TRABALHO

O presente trabalho é dividido em 5 Capítulos, sendo o Capítulo 4 o que procura apresentar a hipótese do trabalho, após a análise do elementos fáticos que se apresentam como premissas da hipótese em questão.

No Capítulo 1, é feita a contextualização e colocação do problema empírico, qual seja, o surgimento da moeda digital bitcoin, que inaugura um novo paradigma de relações financeiras no âmbito da internet. Para tanto, será definido de forma básica o que vem a ser o bitcoin, seu histórico, em que se baseia a ideia de criação e, de forma resumida, como funciona. Ao se tratar da inovação da moeda digital, torna-se necessário uma digressão sobre o próprio conceito de moeda, seu histórico e sua relação com o direito, o que é tratado no Capítulo 2.

No Capítulo 2, é tratado da moeda em seu sentido tradicional, ou seja, o papel moeda. Evidente que para se chegar ao atual papel moeda, um longo caminho se trilhou. Assim, há que se examinar de forma breve a história da moeda e suas mais diversas manifestações. Isso para evidenciar em que consiste a moeda, ou seja, para determinar como algo passa a ser considerado por uma comunidade como uma moeda. Ao se examinar os aspectos sociológicos que determinam que um objeto se torne moeda em uma comunidade, procura-se isolar o elemento normativo que compõe o fato social. Neste ponto se aprofunda o papel do Estado no monopólio de emissão de moeda, o que é o objeto do capítulo 3.

No Capítulo 3, é examinado o papel do Estado no monopólio da emissão de moeda. Para tanto, examina-se o conceito de soberania estatal em duas dimensões sendo a primeira, (*Dominium*), relacionada com uma dimensão subjetiva do detentor do poder (soberano) e a identidade desta relação de poder com uma relação proprietária. Quanto a segunda (*Imperium*), relacionada a dimensão objetiva do poder enquanto coatividade sobre a vontade dos indivíduos. Este último está identificado a uma relação obrigacional. Neste dimensão se identifica a marca da soberania em um Estado de direito e nas democracias constitucionais. O poder soberano se expressa na própria ordem jurídica estatal como ordem coativa. Quando relacioanda com a ordem econômica, esta ordem jurídica se expressa como ordem jurídico econômica e se materializa nas ações de política econômica. A política monetária, espécie do gênero política econômica, é o objeto do Capítulo 4.

No Capítulo 4, é examinada a soberania nacional como ordem jurídico-política econômica, ou seja, a hipótese que se pretende demonstrar no presente trabalho. Com os subsídios levantados nos capítulos precedentes, torna-se possível o exame da manifestação da soberania como ordem jurídico-política econômica, ou seja, a manifestação da soberania enquanto coatividade inerente a própria ordem jurídica presentes nos atos jurídico-político-econômicos que implementam a política econômica. Neste sentido, observa-se a implementação da política monetária pelas autoridades competentes e sua vinculação, por força de uma regra de competência, a uma ordem jurídica, mesmo quando atuam como agentes do mercado.

Este aspecto é importante para a solução do problema analisado pelo presente trabalho, qual seja, o de saber se o monopólio estatal da emissão de moeda é expressão da soberania. O que se entende é que o monopólio da emissão de moeda não é expressão da soberania estatal. O que efetivamente expressa a soberania estatal é a implementação da política monetária que independe da emissão da moeda ser monopolizada ou não pelo Estado.

No Capítulo 5, é examinado o PL 2303/2015 que porpõe a regulação das moedas digitais no Brasil, ou seja, se a moldura jurídica proposta seria apta a dar conta da regulação da moeda digital.

Na Conclusão, são apresentados os resultados decorrentes do exame das implicações do uso desta moeda.

1 – O BITCOIN: A MOEDA DIGITAL

1.1 – Introdução

O projeto de criptomoedas tem como pressuposto básico a ideia de que o controle de emissão de moeda por uma autoridade central implica em limitação da liberdade individual nas relações de trocas econômicas por um terceiro que não participa diretamente destas mesmas relações e que somente se beneficia delas. Proposta como a solução para a intervenção estatal nas relações privadas, a criptomoeda apresenta, por meio de instrumentos informáticos, a solução e substituição dos bancos centrais nestas relações, suprimindo a necessidade de uma autoridade central certificadora da fidúcia da moeda utilizada, que, segundo os defensores das criptomoedas, seria o único papel desempenhado pelos bancos centrais nas relações econômicas[2].

Importante analisar o contexto social em que surge a criptomoeda. Inserida em um movimento de convergência tecnológica, na qual há uma união entre as tecnologias da informação, comunicação e de informática se reúnem em um mesmo e único serviço. A internet e a comunicação em rede assumem o papel central de comunicação e interação, praticamente suprimindo as distâncias geográficas entre indivíduos em qualquer lugar do globo[3].

---

2   ULRICH, Fernando. Bitcoin - a moeda na era digital. 1ª edição. Instituto Ludwig Von Mises Brasil. São Paulo. 2014, p. 43, 44.
3   LUÑO, Antonio Enrique Pérez. Impactos sociales y jurídicos de Internet. Argumentos de razón técnica: Revista española de ciencia, tecnología y sociedad, y filosofía de la tecnología, ISSN 1139-3327, Nº 1, 1998, 33-48, in http://www.argumentos.us.es/numero1/bluno.htm, consultado em

Promovida inicialmente por empresas de telecomunicações, visando única e exclusivamente a ampliação de seu controle no mercado, a convergência tecnológica ganha dimensões amplas, fazendo surgir uma nova realidade na qual um mundo se descortina e pessoas que antes estavam limitadas ao horizonte de suas tradições locais, agora tem contato com outras realidades, revelando novas perspectivas de relações sociais, novos valores, novos processos de interação social[4].

A alteridade que antes estava próxima, ao lado, e que participava e partilhava o mesmo mundo da vida, agora se expande e as diferenças se tornam mais evidentes. As redes sociais, as novas formas de relações econômicas que se apresentam, como consequência da inovação tecnológica, rompem com os paradigmas de uma sociedade quase que circunscrita por uma posição geográfica, impactando diretamente as noções de cidadania e soberania estatal[5].

10/06/2017.

4   TOURNADRE-PLANCQ, Jérôme. De nouveaux modes d'expression démocratiques:La démocratie électronique : quelles attentes? In http://www.ladocumentationfrancaise.fr/var/storage/libris/3303330403563/3303330403563_EX.pdf. Consultado em 10/06/2017. LUÑO, Antonio Enrique Pérez. Impactos sociales y jurídicos de Internet. Argumentos de razón técnica: Revista española de ciencia, tecnología y sociedad, y filosofía de la tecnología, ISSN 1139-3327, Nº 1, 1998, 33-48, in http://www.argumentos.us.es/numero1/bluno.htm, consultado em 10/06/2017.

5   TOURNADRE-PLANCQ, Jérôme. De nouveaux modes d'expression démocratiques:La démocratie électronique : quelles attentes? In http://www.ladocumentationfrancaise.fr/var/storage/libris/3303330403563/3303330403563_EX.pdf. Consultado em 10/06/2017. LUÑO, Antonio Enrique Pérez. Impactos sociales y jurídicos de Internet. Argumentos de razón técnica: Revista española de ciencia, tecnología y sociedad, y filosofía de la tecnología, ISSN 1139-3327, Nº 1, 1998, 33-48, in http://www.argumentos.us.es/numero1/bluno.htm, consultado em 10/06/2017. LUÑO, Antonio Enrique Pérez. Internet y los derechos humanos. Anuario de Derechos Humanos. Nueva Época. Vol. 12. 2011 (287-330)

As diferenças, agora mais aparentes, servem para a reflexão a seu respeito a fim de promover uma mudança de valores, no qual a aceitação e a solidariedade se evidenciem, construindo uma maior integração entre indivíduos, constituindo uma verdadeira "aldeia global". Ou se podem recrudescer as diferenças, provocando um verdadeiro fundamentalismo e radicalismo de valores, em um processo de reafirmação de identidades culturais. A isso se pode chamar de "conflito global"[6].

A inovação tecnológica não promove nenhuma destas formas de conflito. A inovação é inerentemente neutra. A adoção sem uma reflexão sobre as possíveis consequências da inovação tecnológica, aliada a fatores relacionados à sociedade e sua configuração sócio-política-econômica, é que pode determianr a assunção do aspecto conflitivo como exposto[7].

Como efeito do desenvolvimento da internet para

---

http://dx.doi.org/10.5209/rev_ANDH.2011.v12.38107, p. 302-305. Consultado em 10/06/2017

6 Aqui o que se quer dizer com o termo "conflito" se relaciona com o sentido de luta pelo poder e dominação em uma comunidade dada que não se restringe a ideia de luta de classes mas pode envolver, além da classe social, também o gênero ou etnia. Esse conceito abarca os fenômenos como a guerra, terrorismo e movimentos sociais. In WEBER, Max. Economia y sociedad: esbozo de sociologia comprensiva, vols. I e II. Editora Fondo de Cultura Económica. México. 1964, p. 230, 243, 410, 703, 1079.

7 A constituição de uma sociedade envolve uma série de fatores que basicamente podem ser elencados como determinantes para a configuração de uma relação conflitiva. Como aponta Weber, os conflitos podem decorrer de causas religiosas, político-partidárias, étnicas, quando arranjos sociais que legitimam determinadas formas de dominação (racional, tradicional e carismáticas) são questionados por associações (classes, estamentos e partidos) que não são privilegiados pelo arranjo social estabelecido. Também ocorrem conflitos dentro destas mesmas formas de dominação para determinar quem detém o poder maior e se legitimaria ao exercício da dominação. Assim, fatores além de uma postura acrítica podem determinar conflitos sociais. In WEBER, Max. Economia y sociedad: esbozo de sociologia comprensiva, vols. I e II. Editora Fondo de Cultura Económica. México. 1964, p. 230, 243, 410, 703, 1079.

uma sociedade digital, *cibersociedade*[8], uma série de valores que compunham a sociedade são colocados em questão. Na era digital, com as barreiras físicas para a comunicação transpostas, as noções de cidadania e soberania nacional são postas em questão. Os indivíduos se percebem como cidadãos do mundo já que as diferenças culturais, por mais gritantes que sejam, passam a ser vistos como herança de uma tradição cultural maior, pertencente a humanidade.

Questiona-se, em função dessa ampliação da percepção de seu lugar no mundo, o papel do Estado, de suas instituições e valores que passam a serem vistos como arcaicos que autoritários. Movimentos sociais que tinham como utopia[9] a supressão da figura estatal como o anarquismo e o comunismo retornam com força, tendo como vetores de aglutinação dos simpatizantes e partidários dos movimentos a ferramenta da internet, capaz de aproximar, virtualmente, quem fisicamente não teria possibilidade de se conhecer[10].

---

8   LUÑO, Antonio Enrique Pérez. Impactos sociales y jurídicos de Internet. Argumentos de razón técnica: Revista española de ciencia, tecnología y sociedad, y filosofía de la tecnología, ISSN 1139-3327, Nº 1, 1998, 33-48, in http://www.argumentos.us.es/numero1/bluno.htm, consultado em 10/06/2017. LUÑO, Antonio Enrique Pérez. Internet y los derechos humanos. Anuario de Derechos Humanos. Nueva Época. Vol. 12. 2011 (287-330) http://dx.doi.org/10.5209/rev_ANDH.2011.v12.38107, p. 302-305. Consultado em 10/06/2017

9   Aqui se emprega o termo utopia no sentido empregado em Karl Mannheim como a cosmovisão de movimentos sociais que se apresentam a contestar a ordem vigente, onde o pensamento utópico reflete a luta dos grupos oprimidos para mudar a sociedade e, por isso, tende a ver apenas os elementos da situação que apontam para a sua negação ou transcendência. Por isso, o pensamento utópico, tal como corporificado pelo humanitarismo liberal, pelo conservadorismo e pelo socialismo comunista, torna-se incapaz de realizar uma análise correcta da situação social existente e, por conseguinte, não pode mudar a sociedade como pretende, porque os seus conceitos são incompatíveis com o estado da realidade social dentro do qual emerge.

10 TOURNADRE-PLANCQ, Jérôme. De nouveaux modes d'expression démocratiques:La démocratie électronique : quelles attentes? In

Dentre essas ideologias, o anarquismo ganha força por conta do avanço das tecnologias da informação. Diante da própria natureza do ciberespaço, como local de livre de submissão de qualquer autoridade, amplia a força dos argumentos libertários e anarquistas no âmbito da internet. O *ciberanarquismo, hackeranarquista,* dentre outros, surgem como novos modos de organização de movimentos engajados em causas sociais, tendo como ideologia de fundo o anarquismo e ferramenta ou arma para sua luta, a internet. O movimento anárquico e liebrtário ganha força, encartando, inclusive, em 1996, a Declaração de Independência do Ciberespaço, escrita por John Perry Barlow[11].

É nesse contexto que surgem as criptomoedas. Tendo como pano de fundo a criação de um meio geral de troca, e meio de pagamento, sem controle de uma autoridade central, garantindo a privacidade nas operações realizadas entre seus usuários e com a garantia contra a *"gasto duplicado"*[12].

---

http://www.ladocumentationfrancaise.fr/var/storage/libris/3303330403563/3303330403563_EX.pdf. Consultado em 10/06/2017. LUÑO, Antonio Enrique Pérez. Impactos sociales y jurídicos de Internet. Argumentos de razón técnica: Revista española de ciencia, tecnología y sociedad, y filosofía de la tecnología, ISSN 1139-3327, Nº 1, 1998, 33-48, in http://www.argumentos.us.es/numero1/bluno.htm, consultado em 10/06/2017. LUÑO, Antonio Enrique Pérez. Internet y los derechos humanos. Anuario de Derechos Humanos. Nueva Época. Vol. 12. 2011 (287-330) http://dx.doi.org/10.5209/rev_ANDH.2011.v12.38107, p. 302-305. Consultado em 10/06/2017, ULRICH, Fernando. Bitcoin - a moeda na era digital. 1ª edição. Instituto Ludwig Von Mises Brasil. São Paulo. 2014, p. 41, 42.

11 LUÑO, Antonio Enrique Pérez. Impactos sociales y jurídicos de Internet. Argumentos de razón técnica: Revista española de ciencia, tecnología y sociedad, y filosofía de la tecnología, ISSN 1139-3327, Nº 1, 1998, 33-48, in http://www.argumentos.us.es/numero1/bluno.htm, consultado em 10/06/2017. LUÑO, Antonio Enrique Pérez. Internet y los derechos humanos. Anuario de Derechos Humanos. Nueva Época. Vol. 12. 2011 (287-330) http://dx.doi.org/10.5209/rev_ANDH.2011.v12.38107, p. 302-305. Consultado em 10/06/2017

12 O gasto duplicado (*double spend*) é um problema que as moedas digitais se

Ao proporem a retirada da autoridade central como certificadora da fidúcia da moeda utilizada para a realização das transações econômicas, apresentam como solução a possibilidade de construção de consenso sobre a veracidade da moeda digital a partir do consenso produzido na rede descentralizada[13] mediante o registro público nesta mesma rede, da operação. Tal registro se dá nos "nós"[14] de entrelaçamento da rede virtual. Tais "nós" são onde se operam os registros contábeis de todas as transações que ocorrem no âmbito da rede. O registro deve ocorrer em ao menos três nós da rede para que seja confirmada sua realização. O sistema informático em que se dá tais registros, conhecido como *Blockchain*[15], pode-se definir em linhas bem gerais, ante a sua complexidade técnica, como um sistema de registros contábeis – registros de operações financeiras entre os usuários do bitcoin - em bloco rígido, onde ao ser registrada uma operação, como dito, em ao menos três nós, esta é confirmada como sendo veraz e, após a sobreposição

---

depararam. Consiste no problema decorrente da digitalização do dinheiro. Como a moeda digital é um arquivo, como garantir que esse arquivo que foi utilizado em uma operação de pagamento não seja copiado e utilizado novamente em outra operação? Seria basicamente como a falsificação do dinheiro. Utilizando um exemplo simples seria como pegar uma nota em dinheiro, tirar várias cópias desta nota para utilizá-la várias vezes em várias operações de pagamento diferentes. Tal problema só foi solucionado com a criação da tecnologia do Bitcoin. In: ANTONOPOULOS, Andreas M. Mastering Bitcoin. LLC https://bitcoinbook.info. Copyright 2016, p. 11 consultado em 19/02/2017

13 As redes de internet podem ser definida a partir de sua topologia, que seria como os dispositivos da rede (nós) estão conectados, podendo ser distribuída, centralizada e descentralizada. Mais explicações serão dadas no tópico que abordará a arquitetura da rede bitcoin.

14 Os nós da rede são os pontos ou dispositivos informáticos que estão conectados a rede. Mais explicações serão dadas no tópico que abordará a arquitetura da rede bitcoin.

15 Uma lista de blocos validados, cada um ligado ao seu predecessor até chegar ao bloco gênesis. In: ANTONOPOULOS, Andreas M. Mastering Bitcoin. LLC https://bitcoinbook.info. Copyright 2016, p. 08 consultado em 19/02/2017

de um novo registro sobre o bloco anterior, este se torna imutável na rede, não podendo se alterado sem que se viole o consenso produzido em toda a rede.

O sistema tem contornos interessantes, porque leva em consideração não só aspectos relacionados à ciência da computação, mas também em relação à aplicação prática de tais conhecimentos no mundo da vida.

1.2 – O projeto de criptomoedas

Criptomoeda é um meio de troca que se utiliza de criptografia para assegurar transações e para controlar a criação de novas unidades da moeda. Criptomoedas são espécie do gênero moedas digitais. O surgimento de uma moeda digital viável está intimamente relacionado à evolução da criptografia. Isso não é algo surpreendente quando se leva em consideração os desafios fundamentais envolvidos no uso de bits para a representação de um valor que pode ser trocado por bens e serviços. Duas questões que se colocam como condição de aceitação das moedas digitais referem-se à confiabilidade na sua autenticidade e, em decorrência disso, se haveria o risco do gasto duplicado.[16]

Os emissores de papel-moeda enfrentam constantemente o problema da falsificação através do uso de papéis e tecnologias de impressão cada vez mais sofisticadas. O dinheiro físico resolve facilmente o problema do gasto duplicado, pois a mesma nota em papel não pode estar em dois lugares ao mesmo tempo. É claro que o dinheiro convencional é frequentemente armazenado e transmitido de forma digital. Nestes casos, os problemas de falsificação e de

---

16 ANTONOPOULOS, Andreas M. Mastering Bitcoin. LLC https://bitcoinbook.info. Copyright 2016. consultado em 19/02/2017, p. 11

gastos duplicados são tratados pela compensação de todas as transações eletrônicas através de autoridades centrais que detêm uma visão global da moeda em circulação. No caso do dinheiro digital, que não pode se beneficiar de tintas especiais ou marcas holográficas, a criptografia proporciona a base para confiar na legitimidade de um valor que um usuário afirma possuir[17].

Especificamente, as assinaturas digitais criptográficas permitem a um usuário assinar um ativo digital ou transação provando a posse do ativo. Com a arquitetura apropriada, as assinaturas digitais também podem ser usadas para resolver o problema do gasto duplicado. O Bitcoin tornou-se a primeira criptomoeda descentralizada em 2009. Desde então, inúmeras criptomoedas foram criadas[18].

No final dos anos 1980, quando a criptografia começou a se tornar mais acessível e entendida, muitos pesquisadores começaram a tentar usá-la para construir moedas digitais. Estes projetos pioneiros emitiam dinheiro digital, normalmente lastreados por uma moeda nacional ou um metal precioso - como o ouro[19].

Apesar destas moedas digitais pioneiras funcionarem, elas eram centralizadas e, como resultado, eram fáceis de ser atacadas tanto por governos como por hackers. As primeiras moedas digitais usavam uma central de compensação para finalizar todas as transações em intervalos regulares, da mesma forma que um sistema bancário tradicional. Infelizmente, em muitos casos essas moedas digitais que surgiam se tornavam um alvo dos governos

---

17 Idem.
18 Idem.
19 Idem.

preocupados e eventualmente desapareciam. Algumas falharam em quebras espetaculares quando a companhia responsável era liquidada de repente. Para ser robusta contra a intervenção de opositores, fossem governos legítimos ou elementos criminosos, uma moeda descentralizada digital se tornava necessária para evitar um único ponto de ataque. Este sistema é o Bitcoin, projetado para ser completamente descentralizado e livre de qualquer autoridade central ou ponto de controle que possa ser atacado ou corrompido.

1.2.1 - Histórico do Bitcoin

O Bitcoin foi inventado em 2008 com a publicação de um documento intitulado "Bitcoin: Um Sistema de Dinheiro Eletrônico Ponto-a-Ponto" ("Bitcoin: A Peer-to-Peer Electronic Cash System" em inglês), escrito por um autor sob o pseudônimo de Satoshi Nakamoto[20]. Nakamoto combinou várias das invenções anteriores tais como b-money e HashCash para criar um sistema de dinheiro eletrônico completamente descentralizado que não dependesse de uma autoridade central para a emissão de moeda ou para a liquidação e validação de transações. A principal inovação foi usar um sistema de computação distribuído (chamado algoritmo de "prova de trabalho" ou "proof of work") para conduzir uma "eleição" global a cada 10 minutos, permitindo à rede descentralizada chegar em um consenso sobre o

---

20 NAKAMOTO, Satoshi. Bitcoin: A Peer-to-Peer Electronic Cash System. www.bitcoin.org. Consultado em 19/02/2017; ANTONOPOULOS, Andreas M. Mastering Bitcoin. LLC https://bitcoinbook.info. Copyright 2016, p. 03 consultado em 19/02/2017; ULRICH, Fernando. Bitcoin - a moeda na era digital. 1ª edição. Instituto Ludwig Von Mises Brasil. São Paulo. 2014, p. 41- 46.

estado das transações. Isto resolve de forma elegante o problema de gasto duplicado, onde uma única unidade de moeda poderia ser gasta duas vezes. Antes do Bitcoin, o problema de gasto duplicado era uma fraqueza do dinheiro digital, e sua solução envolvia a transmissão e verificação de todas as transações através de uma entidade central[21].

A rede bitcoin surgiu em 2009, baseada em uma implementação de referência publicada por Nakamoto e desde então revisada por muitos outros programadores. A computação distribuída que proporciona segurança e robustez ao bitcoin cresceu exponencialmente, e agora excede a capacidade combinada de processamento dos principais supercomputadores do mundo. Em 2014, o valor de mercado do bitcoin era estimado entre 5 e 10 bilhões de dólares americanos, dependendo da taxa de câmbio entre o bitcoin e o dólar. A maior transação processada até 2014 pela rede foi de US$ 150 milhões, transmitida instantaneamente e processada sem nenhuma taxa[22].

Satoshi Nakamoto afastou-se do público em abril de 2011, deixando a responsabilidade pelo desenvolvimento do código e da rede sob poder de um grupo de voluntários. A identidade da pessoa ou pessoas por trás do Bitcoin ainda é desconhecida. No entanto, nem Satoshi Nakamoto nem qualquer outra pessoa exerce controle sobre o sistema

---

[21] NAKAMOTO, Satoshi. Bitcoin: A Peer-to-Peer Electronic Cash System. www.bitcoin.org. Consultado em 19/02/2017; ANTONOPOULOS, Andreas M. Mastering Bitcoin. LLC https://bitcoinbook.info. Copyright 2016, p. 03 consultado em 19/02/2017; ULRICH, Fernando. Bitcoin - a moeda na era digital. 1ª edição. Instituto Ludwig Von Mises Brasil. São Paulo. 2014, p. 41- 46.

[22] NAKAMOTO, Satoshi. Bitcoin: A Peer-to-Peer Electronic Cash System. www.bitcoin.org. Consultado em 19/02/2017; ANTONOPOULOS, Andreas M. Mastering Bitcoin. LLC https://bitcoinbook.info. Copyright 2016, p. 03 consultado em 19/02/2017; ULRICH, Fernando. Bitcoin - a moeda na era digital. 1ª edição. Instituto Ludwig Von Mises Brasil. São Paulo. 2014, p. 41- 46.

Bitcoin, que opera baseado em princípios matemáticos totalmente transparentes. A invenção em si é revolucionária e já criou um novo campo de estudos nas áreas da computação distribuída, economia e econometria[23].

1.3 – Definição

Bitcoin é um conjunto de conceitos e tecnologias que formam a base de um ecossistema de dinheiro digital. As unidades de moeda chamadas bitcoins são usadas para armazenar e transmitir valor entre os participantes na rede Bitcoin. Os usuários bitcoin comunicam-se entre si utilizando o protocolo bitcoin principalmente através da Internet, mas outras formas de rede também podem ser usadas. A implementação da pilha do protocolo bitcoin, está disponível como software de código aberto, pode ser executada em uma ampla variedade de dispositivos de computação, incluindo laptops e smartphones, o que torna a tecnologia de fácil acesso.

Ao contrário das moedas tradicionais, os bitcoins são inteiramente virtuais. Não há moedas físicas ou mesmo moedas digitais por si só. As moedas de bitcoin se subentendem como transações que transferem valor de um remetente a um destinatário. Os usuários de bitcoin possuem chaves que lhes permitem provar a posse de transações na rede bitcoin, desbloqueando o valor (em bitcoins) a ser gasto e o transferindo para um novo destinatário. Essas chaves geralmente são armazenadas em uma carteira digital no computador ou smartphone de cada usuário. A posse da chave que desbloqueia uma transação é o único pré-requisito

---

23 Idem.

para utilizar os bitcoins.

      Bitcoin é um sistema distribuído ponto-a-ponto (peer-to-peer ou P2P)[24]. Como tal, não existe um servidor "central" ou ponto de controle. Os bitcoins são criados (gerados) através de um processo chamado de "mineração", que consiste em competir para encontrar soluções para um problema matemático enquanto se processam transações de bitcoins. Qualquer participante na rede bitcoin (ou seja, qualquer usando um dispositivo que execute a implementação completa de protocolo Bitcoin) pode ser um minerador, bastando utilizar o poder de processamento de seu computador para verificar e registrar transações. Em média, a cada 10 minutos alguém é capaz de validar as transações dos últimos 10 minutos, sendo recompensado com novos bitcoins. Essencialmente, a mineração de bitcoins descentraliza as funções de emissão de moeda e de compensação tipicamente atribuídas a um banco central, dessa forma substituindo a necessidade de qualquer banco central.

      O protocolo bitcoin contém algoritmos que regulam a função de mineração através da rede. A dificuldade da tarefa de processamento que os mineradores devem realizar — registrar com sucesso um bloco de transações na rede bitcoin — ajusta-se dinamicamente de tal forma que, em média, alguém é bem-sucedido a cada 10 minutos, independentemente de quantos mineradores (e CPUs) estejam trabalhando na tarefa a qualquer momento. O protocolo também reduz à metade, a cada 4 anos, a taxa com que novos bitcoins são criados, limitando, assim, o número total de bitcoins que serão criados a um máximo de 21

---

24 Sobre a topologia da rede bitcoin, o sistema distribuído ponto-a-ponto (peer-to-peer ou P2P), será tratado no tópico que abordará a arquitetura da rede bitcoin.

milhões de moedas. O resultado é que o número de bitcoins em circulação segue uma curva previsível que alcançará 21 milhões no ano de 2140. Devido à taxa decrescente de emissão, em longo prazo a moeda bitcoin é deflacionária. Além disso, bitcoin não pode ser inflacionado "imprimindo" novo dinheiro além da taxa de emissão já esperada.

Nos bastidores, bitcoin é também o nome do protocolo, de uma rede e de uma inovação digital distribuída. A moeda bitcoin é, na verdade, apenas a primeira aplicação desta invenção. No mundo digital, o bitcoin é visto com algo semelhante à Internet do dinheiro, uma rede para propagar valor e proteger a posse de ativos digitais através da computação distribuída. Há muito mais no bitcoin do que se enxerga à primeira vista.

1.4 – A premissa central da criptomoeda: liberdade sobre o monopólio estatal de emissão de moeda

O invento de Satoshi Nakamoto é também uma solução prática para um problema que até então não estava resolvido na computação distribuída, conhecido como o "Problema dos Generais Bizantinos". O problema dos Generais Bizantinos é descrito da seguinte maneira: um exército cerca uma cidade inimiga com acampamentos separados que devem se comunicar para concordar em uma estratégia de ataque. Há traidores desconhecidos entre os integrantes do exército que podem corromper a troca de mensagens e evitar o consenso (Figura 1). Como os generais honestos deste exército podem garantir que a comunicação não será comprometida pelos traidores?

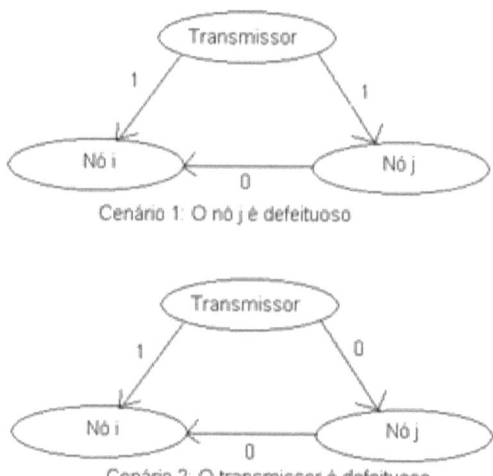

Figure 1. O problema dos Generais Bizantinos
Fonte: Curso its bitcoin - aula 1: introdução ao bitcoin

Em resumo, o problema consiste em tentar tomar uma decisão através do intercâmbio de informações sobre uma rede pouco confiável e potencialmente comprometida. A solução de Satoshi Nakamoto, que utiliza o conceito de prova de trabalho (proof-of-work)[25] para alcançar o consenso sem uma autoridade central confiável, representa um enorme avanço na ciência de computação distribuída e possui amplas aplicações além da ser um meio de pagamento. Tal solução

---

25 Em inglês, *Proof-of-Work* (PoW). Uma parte de um dado que requer um esforço computacional considerável para ser encontrada. No bitcoin, mineradores devem encontrar uma solução numérica para o algoritmo SHA-256 que esteja em conformidade com a meta da rede, a meta de dificuldade. In: ANTONOPOULOS, Andreas M. Mastering Bitcoin. LLC https://bitcoinbook.info. Copyright 2016, p. 02 consultado em 19/02/2017

pode ser usada para alcançar consenso em redes descentralizadas para provar a honestidade de eleições, loterias, registros de bens, notarização digital e mais.

O sistema bitcoin, diferente dos tradicionais sistemas bancários e de pagamentos, é baseado em uma confiança descentralizada. Em vez de uma autoridade central confiável, no Bitcoin a confiança é alcançada como uma propriedade emergente das interações dos diferentes participantes no sistema bitcoin.

As transações são como linhas em um "registro contábil" (ledger) de dupla entrada. Em termos simples, cada transação contém um ou mais "inputs" (entradas), que são débitos em uma conta bitcoin. No outro lado da transação, existem um ou mais "outputs" (saídas) que são créditos adicionados em uma conta bitcoin. A soma dos inputs e outputs (débitos e créditos) não necessariamente resultam na mesma quantia. Ao invés disso, os outputs são um pouco maiores do que os inputs, e essa diferença se dá devido à "taxa de transação", que é um pequeno pagamento coletado pelo minerador que inclui a transação no registro contábil do bitcoin (a blockchain). Uma transação bitcoin é mostrada como uma entrada no registro contábil em transação como um registro contábil de entrada-dupla[26].

A transação também contém uma prova de posse para cada quantia de bitcoins (inputs) que é transferida, na forma de uma assinatura digital assinada pelo dono, que pode ser validada por qualquer pessoa, de maneira independente. Usando a terminologia do bitcoin, "gastar" é assinar uma transação que transfere um valor (de uma transação prévia) para um novo dono, o qual é identificado através de um endereço bitcoin[27].

---

26 A sistemática será explicada no tópico que trata do funcionamento da rede bitcoin.
27 A sistemática será explicada no tópico que trata do funcionamento da rede

O sistema de confiança do Bitcoin é baseado em computação. As transações são agrupadas em blocos, o que requer uma enorme quantidade de processamento para prová-las, mas apenas uma pequena quantidade de processamento para verificá-las como previamente provadas[28].

A rede Bitcoin é uma rede par-a-par, o que significa que cada nó bitcoin está conectado a alguns outros nós bitcoin que ele descobre durante a inicialização através do protocolo par-a-par. Toda a rede forma uma emaranhado frouxamente conectado sem uma topologia fixa ou qualquer estrutura, tornando todos os nós pares iguais. As mensagens, incluindo transações e blocos, são propagadas a de cada nó a todos os pares aos quais ele está conectado, um processo chamado "flooding" (inundação). Uma transação recém validada e injetada em qualquer nó da rede será enviada a todos os nós conectados a ele (vizinhos), cada um dos quais enviará a transação a todos os seus vizinhos, e assim por diante[29].

Dessa maneira, dentro de alguns segundos uma transação válida será propagada numa onda exponencialmente expandida através da rede até que todos os nós da rede a recebam.

O Bitcoin é estruturado como uma arquitetura de rede ponto-a-ponto em cima da Internet. O termo ponto-a-ponto, ou P2P (do inglês peer-to-peer), significa que os computadores que participam da rede são pontos uns para os outros, que eles são todos iguais, que não há nodos "especiais" e que todos os nodos compartilham o trabalho de fornecer serviços na rede. Os nodos da rede se interconectam

---
bitcoin.
28 A sistemática será explicada no tópico que trata do funcionamento da rede bitcoin.
29 A sistemática será explicada no tópico que trata do funcionamento da rede bitcoin.

em uma rede mesh com uma topologia "plana". Não há nenhum servidor, nenhum serviço centralizado ou hierarquia na rede. Os nodos em uma rede ponto-a-ponto tanto fornecem quanto consomem serviços ao mesmo tempo com a reciprocidade atuando como o incentivo para a participação. Redes ponto-a-ponto são inerentemente resilientes, descentralizadas e abertas. O exemplo proeminente de uma arquitetura de rede P2P foi a Internet em seu início, onde os nodos na rede IP eram iguais. A arquitetura de Internet hoje é mais hierárquica, mas o Protocolo da Internet ainda mantém sua essência de topologia plana. Além do bitcoin, a aplicação mais difundida e de maior sucesso das tecnologias P2P é o compartilhamento de arquivos, com o Napster sendo o pioneiro e o BitTorrent como a evolução mais recente da arquitetura[30].

    A arquitetura de rede P2P do Bitcoin é muito mais do que uma escolha de topologia. O bitcoin é projetado como um sistema de dinheiro digital ponto-a-ponto, e a arquitetura da rede é tanto um reflexo e uma base fundamental dessa característica chave. Descentralização do controle é um princípio chave do projeto e ela só pode ser obtida e mantida através de uma rede de consenso P2P descentralizada.

    A rede bitcoin é projetada para propagar transações e blocos para todos os nodos de uma maneira eficiente e flexível que seja resistente a ataques. Para prevenir spam, ataques DOS ou outros ataques maliciosos contra o sistema bitcoin, cada nodo valida independentemente cada transação antes de propagá-la adiante. Uma transação mal formada não passará por um nodo sequer.

    Toda a estrutura das criptomoedas foi

---

[30] A sistemática será explicada no tópico que trata do funcionamento da rede bitcoin.

desenvolvida com o objetivo de substituir o papel da autoridade central de certificação das operações financeiras. O desenvolvimento da rede descentralizada e a possibilidade de geração de consenso sobre a veracidade das transações realizadas em seu âmbito interno demonstram, segundo os desenvolvedores do sistema, a desnecessidade de uma autoridade central certificadora das operações, entregando aos próprios usuários do sistema o controle sobre a quantidade de moeda circulante bem como o controle do seu valor real.

1.4.1 - Como funciona a rede Bitcoin

Nesse tópico, examinaremos o bitcoin através do rastreamento de uma transação através do sistema bitcoin e observaremos como ela se torna "confiável" e aceita pelo mecanismo de consenso distribuído da rede bitcoin para ser finalmente gravada na blockchain - o livro-razão distribuído que contém todas as transações.

Comprando uma xícara de café

Alice é uma nova usuária que acabou de obter seu primeiro bitcoin. Alice encontrou com seu amigo, Joe, para trocar algum dinheiro por bitcoin. A transação criada por Joe alocou 0,10 BTC na carteira de Alice. Agora, ela irá fazer sua primeira compra, um transação de varejo, comprando uma xícara de café na cafeteria do Bob, em Palo Alto, Califórnia. A cafeteria do Bob recém começou a aceitar pagamentos em bitcoin, ao adicionar a opção de pagamentos por bitcoin no sistema do seu ponto de vendas. Os preços na cafeteria são listados na moeda local (dólares americanos), mas no caixa, os clientes agora contam com a opção de pagar tanto em dólares quanto em bitcoin. Alice faz seu pedido - uma xícara de café - e Bob registra a transação em seu sistema de vendas.

O sistema do ponto de vendas fará a conversão do preço total em dólares para bitcoins, tendo como referência a cotação do momento, e apresenta o valor final nas duas moedas, bem como um código QR contendo uma requisição de pagamento para essa transação (Figura2) [31].

Total:
$1.50 USD
0,015 BTC[32]

Figura 2. Código QR de solicitação de pagamento. Fonte: ANTONOPOULOS, Andreas M. Mastering Bitcoin. LLC https://bitcoinbook.info. Copyright 2016, consultado em 19/02/2017.

Bob diz: "A conta deu 1,50 dólares, ou 15 millibits."

A Alice então usa o smartphone dela para escanear o código de barras mostrado na tela do Bob. O smartphone dela mostra um pagamento de 0,0150 BTC para o Bob' Cafe e ao clicar em Enviar ela autoriza o pagamento. Dentro de alguns segundos (aproximadamente o mesmo

---

[31] Exemplo retirado do livro: ANTONOPOULOS, Andreas M. Mastering Bitcoin. LLC https://bitcoinbook.info. Copyright 2016, p. 23- 27. consultado em 19/02/2017

[32] Acotação aquie é meramente exemplificativa.

tempo que leva uma autorização de cartão de crédito), Bob visualiza a transação em seu caixa, completando a transação[33].

Em termos simples, uma transação informa para a rede que o dono de uma quantidade de bitcoins autorizou a transferência de alguns destes bitcoins para outro dono. O novo dono agora pode gastar esses bitcoins ao criar uma nova transação que autoriza a transferência para um outro dono, e assim por diante, em uma cadeia de posse de bitcoins[34].

As transações são como linhas em um "registro contábil" (ledger) de dupla entrada. Em termos simples, cada transação contém um ou mais "inputs" (entradas), que são débitos em uma conta bitcoin. No outro lado da transação, existem um ou mais "outputs" (saídas) que são créditos adicionados em uma conta bitcoin. A soma dos inputs e outputs (débitos e créditos) não necessariamente resulta na mesma quantia. Ao invés disso, os outputs são um pouco maiores do que os inputs, e essa diferença se dá devido à "taxa de transação", que é um pequeno pagamento coletado pelo minerador que inclui a transação no registro contábil do bitcoin (a blockchain). Uma transação bitcoin é mostrada como uma entrada no registro contábil em Transação como um registro contábil de entrada-dupla[35].

A transação também contém uma prova de posse para cada quantia de bitcoins (inputs) que é transferida, na forma de uma assinatura digital assinada pelo dono, que pode ser validada por qualquer pessoa, de maneira independente. Usando a terminologia do bitcoin, "gastar" é assinar uma transação que transfere um valor (de uma transação prévia) para um novo dono, o qual é identificado através de um

---

33 ANTONOPOULOS, Andreas M. Mastering Bitcoin. LLC https://bitcoinbook.info. Copyright 2016, p. 23- 27. consultado em 19/02/2017
34 Idem.
35 Idem.

endereço bitcoin (Figura 3)[36].

Figure 3. Transação como um registro contábil de entrada-dupla

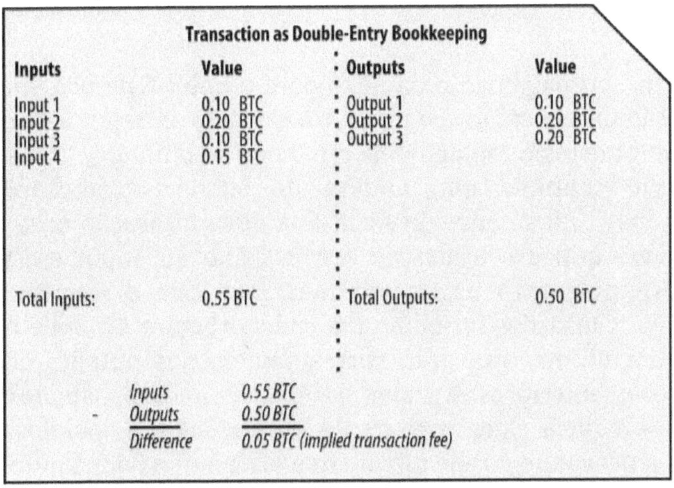

Transaction as Double-Entry Bookkeeping			
Inputs	**Value**	**Outputs**	**Value**
Input 1	0.10 BTC	Output 1	0.10 BTC
Input 2	0.20 BTC	Output 2	0.20 BTC
Input 3	0.10 BTC	Output 3	0.20 BTC
Input 4	0.15 BTC		
Total Inputs:	0.55 BTC	Total Outputs:	0.50 BTC

	Inputs	0.55 BTC
-	Outputs	0.50 BTC
	Difference	0.05 BTC (implied transaction fee)

Figura 4. Uma cadeia de transações, onde o output de uma

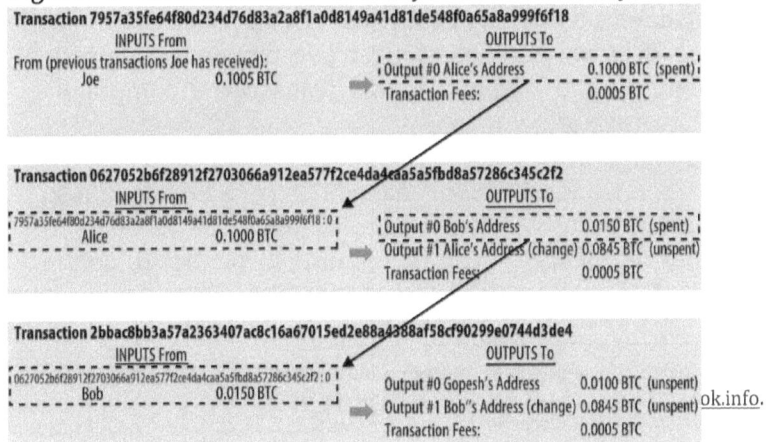

transação é o input da próxima transação
Fonte: ANTONOPOULOS, Andreas M. Mastering Bitcoin. LLC https://bitcoinbook.info. Copyright 2016, consultado em 19/02/2017

O pagamento da Alice para o Bob's Cafe usa uma transação prévia como seu input. No capítulo anterior, a Alice recebeu bitcoins do amigo dela em troca de dinheiro. Aquela transação continha um número de bitcoins "trancados" (alienados) com a chave da Alice. Sua nova transação para o Bob's Cafe utiliza a transação prévia como um input e cria novos outputs para pagar pela xícara de café e receber o troco. As transações formam uma cadeia (Figura 4), onde os inputs da última transação correspondem aos outputs das transações anteriores. A chave da Alice fornece a assinatura que desbloqueia estes outputs de transações prévios, desta maneira provando à rede bitcoin que ela é a dona dos fundos. Ela vincula seu pagamento pelo café ao endereço do Bob, desta maneira "alienando" este output com o requisito de que Bob produza uma assinatura, liberando essa quantidade de bitcoins para ser gasta. Isso representa a transferência de valor entre Alice e Bob. Essa cadeia de transações, do Joe para a Alice, e dela para o Bob, é ilustrada em uma cadeia de transações, onde o output de uma transação é o input da próxima transação[37].

O papel da mineração

A transação foi propagada na rede bitcoin. Ela só vai tornar-se parte de ledger compartilhado (a blockchain) quando for verificada e incluída em um bloco, através de um processo chamado mineração[38].

---

[37] ANTONOPOULOS, Andreas M. Mastering Bitcoin. LLC https://bitcoinbook.info. Copyright 2016, p. 23- 27. consultado em 19/02/2017.
[38] ANTONOPOULOS, Andreas M. Mastering Bitcoin. LLC https://bitcoinbook.info.

O sistema de confiança do bitcoin é baseado em computação. As transações são agrupadas em blocos, o que requer uma enorme quantidade de processamento para prová-las, mas apenas uma pequena quantidade de processamento para verificá-las como previamente provadas. O processo de mineração do bitcoin possui dois propósitos:

• A mineração cria novos bitcoins em cada bloco, quase como um banco central imprimindo novas moedas e notas. A quantidade de bitcoin criada por bloco é fixa e diminui com o tempo.

• A mineração cria confiança ao garantir que as transações sejam confirmadas somente se o poder de processamento suficiente for dedicado ao bloco que as contém. Mais blocos requerem mais processamento, o que significa maior confiança[39].

Uma boa maneira de descrever a mineração é como um jogo de sudoku, gigantesco e competitivo, que reinicia cada vez que alguém encontra uma solução e cuja dificuldade se ajusta automaticamente, de maneira que leve cerca de 10 minutos para que uma solução seja encontrada. Imagine um sudoku gigantesco, com milhares de colunas e linhas de tamanho. Se for mostrado um sudoku completo, é possível verificar rapidamente que ele está corretamente preenchido. No entanto, se o sudoku tiver apenas alguns quadrados preenchidos e o resto estiver vazio, levará muito trabalho para resolvê-lo. A dificuldade do sudoku pode ser ajustada ao mudar o seu tamanho (mais ou menos linhas ou colunas), mas o sudoku ainda pode ser verificado de maneira rápida, mesmo que ele seja muito grande. O "quebra-cabeças" usado no bitcoin é baseado em um hash criptográfico, que exibe características semelhantes: ele é assimetricamente

---

Copyright 2016, p. 23- 27. consultado em 19/02/2017.
39   Idem.

difícil de resolver, mas fácil de verificar, e sua dificuldade pode ser ajustada[40].

Jing, um estudante de engenharia da computação de Shanghai, está participando da rede bitcoin como um minerador. A cada 10 minutos em média, Jing se une a milhares de outros mineradores para uma corrida global para achar uma solução para um bloco de transações. Encontrar a tal solução, também chamada de prova de trabalho, requer quadrilhões de operações de hashing por segundo ao longo de toda a rede bitcoin. O algoritmo para a prova de trabalho envolve fazer hashing com o cabeçalho do bloco e um número aleatório com um algoritmo criptográfico SHA256 até que a solução correspondente a um determinado padrão surja. O primeiro minerador a encontrar uma solução ganha a rodada da competição e publica o bloco na blockchain[41].

Uma transação transmitida pela rede não é verificada até que ela se torna parte do ledger distribuído global, a blockchain. A cada 10 minutos em média, os mineradores geram um novo bloco que contém todas as transações que ocorreram desde o último bloco. As novas transações estão constantemente sendo adicionadas à rede pelas carteiras e outros aplicativos dos usuários. Quando elas são vistas pelos nós da rede bitcoin, elas são adicionadas a um pool temporário de transações não verificadas que é mantida por cada nó. Ao construir um novo bloco, os mineradores adicionam as transações não verificadas deste *pool* para um novo bloco, e tentam resolver um problema (prova de trabalho) muito difícil (também conhecido como prova-de-trabalho) para provar a validade deste novo bloco[42].

---

40 Idem.
41 ANTONOPOULOS, Andreas M. Mastering Bitcoin. LLC https://bitcoinbook.info. Copyright 2016, p. 23- 27. consultado em 19/02/2017.
42 Idem.

As transações são adicionadas ao novo bloco, recebendo prioridade as transações que possuem as maiores taxas de transação, além de alguns outros critérios. Cada minerador inicia o processo de mineração de um bloco de transação tão logo ele recebe o bloco anterior da rede, sabendo que ele perdeu a rodada anterior da competição. Ele imediatamente cria um novo bloco, preenche-o com transações e impressões digitais do bloco anterior, e começa a calcular a prova-de-trabalho para o novo bloco. Cada minerador inclui uma transação especial em seu novo bloco, que paga uma recompensa de novos bitcoins recém criados (atualmente 25 BTC por bloco), que serão enviados para o endereço bitcoin do minerador. Se ele encontra uma solução que torna o bloco válido, ele "ganha" essa recompensa porque seu bloco é adicionado à blockchain e a transação especial de recompensa que ele incluiu se torna gastável. Jing, que participa de um pool de mineração, programou seu software para criar novos blocos que designam uma recompensa para um endereço de *pool*. Desta maneira, uma parte da recompensa recebida é distribuída entre Jing e outros mineradores, de acordo com a quantidade de trabalho que cada um contribuiu na última rodada[43].

A transação de Alice foi incluída na rede e adicionada no pool de transações não-verificadas. Como ela tinha taxas de transação suficientes, ela foi incluída em novo bloco gerado pela pool de mineração do Jing. Aproximadamente cinco minutos após a transação ter sido inicialmente transmitida pela carteira de Alice, o equipamento de mineração ASIC do Jing encontrou uma solução para o bloco e publicou-o como bloco #277316, contendo outras 419 transações. O equipamento de

---

43 Idem.

mineração ASIC do Jing publicou o novo bloco na rede bitcoin, onde outros mineradores o validaram e iniciaram uma nova rodada da corrida para gerar o próximo bloco. Você pode ver o bloco que inclui a transação de Alice[44].

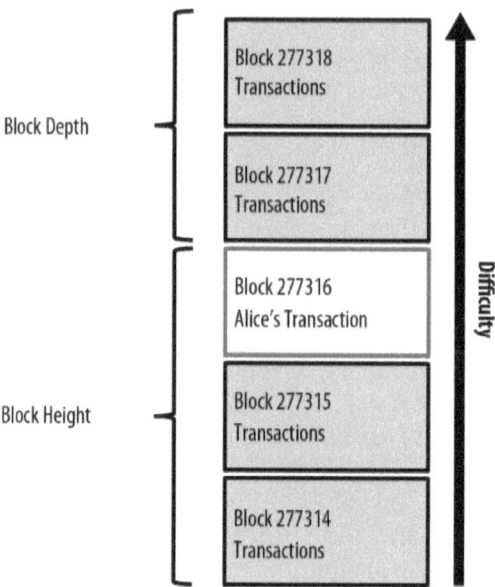

Figura 5. Transação de Alice incluída no bloco #277316
Fonte: ANTONOPOULOS, Andreas M. Mastering Bitcoin. LLC https://bitcoinbook.info. Copyright 2016, consultado em 19/02/2017.

Registrando a cadeia de transações na Blockchain
Agora que a transação da Alice foi incorporada à blockchain como parte de um bloco, ela faz parte do registro

---

44   ANTONOPOULOS, Andreas M. Mastering Bitcoin. LLC https://bitcoinbook.info. Copyright 2016, p. 23- 27. consultado em 19/02/2017.

contábil distribuído do bitcoin e está visível para todos as aplicações bitcoin. Cada cliente bitcoin pode verificar independentemente que a transação é válida e que seus fundos podem ser gastos. Clientes de índice completo (*full-index*) podem rastrear a origem dos fundos desde o início, ou seja, o momento em que os bitcoins foram gerados em um bloco, e, progredindo de transação a transação, até chegarem ao endereço do Bob. Clientes leves (*lightweight*) podem fazer uma verificação simplificada de pagamento ao confirmar que a transação está presente na blockchain e que vários blocos foram minerados após ela, garantindo que ela foi aceita pela rede como válida.

O Bob agora pode gastar o output desta e de outras transações, ao criar suas próprias transações que usam esses outputs como inputs e os designam para um novo dono. Por exemplo, Bob pode pagar um fornecedor ao transferir, para este novo dono, o valor do pagamento da xícara de café da Alice. Mais provavelmente, o software de bitcoin do Bob irá agregar vários pequenos pagamentos em um pagamento maior, talvez concentrando em uma única transação todo o lucro em bitcoins obtidos na loja em um dia. Isso moveria todos os pagamentos para um endereço único, usado como uma conta de "checking" geral da loja.

À medida que o Bob gasta os pagamentos que recebeu de Alice e outros clientes, ele estende a cadeia de transações, que por sua vez são adicionadas ao ledger global do blockchain para que todos possam ver e confiar. Vamos assumir que o Bob paga seu webdesigner Gopesh em Bangalore para desenvolver um novo site. Agora a cadeia de transações irá ficar parecida como na figura Transação da Alice fazendo parte de uma cadeia de transação do Joe para o Gopesh.

Figura 6. Transação da Alice fazendo parte de uma cadeia de

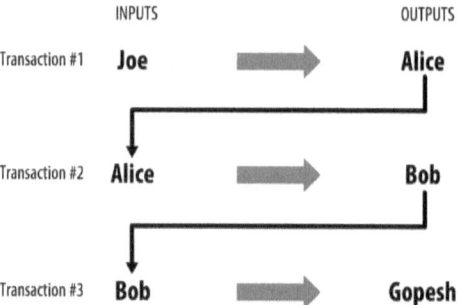

transação do Joe para o Gopesh
Fonte: ANTONOPOULOS, Andreas M. Mastering Bitcoin. LLC https://bitcoinbook.info. Copyright 2016, consultado em 19/02/2017.

    A sequência completa pode ser vista no infográfico a seguir onde toda a operação é mostrada:

Figura 7 - Infográfico Bitcoin
Fonte: Entenda como uma transação é feita com a moeda virtual Bitcoin", disponível em <http://glo.bo/1hibsm1>

Sistemas centralizados x descentralizados x distribuídos

  A topologia da rede é importante para compreender o cerne da ideia subjacente ao bitcoin. O Bitcoin é estruturado como uma arquitetura de rede ponto-a-ponto em cima da Internet. O termo ponto-a-ponto, ou P2P (do inglês *peer-to-peer*), significa que os computadores que participam da rede são pontos uns para os outros, que eles são todos iguais, que não há nodos "especiais" e que todos os nodos compartilham o trabalho de fornecer serviços na rede. Os nodos da rede se interconectam em uma rede mesh com uma topologia "plana". Não há nenhum servidor, nenhum serviço centralizado ou hierarquia na rede. Os nodos em uma rede ponto-a-ponto tanto fornecem quanto consomem serviços ao mesmo tempo com a reciprocidade atuando como o incentivo para a participação. Redes ponto-a- ponto são inerentemente resilientes, descentralizadas e abertas. O exemplo proeminente de uma arquitetura de rede P2P foi a Internet em seu início, onde os nodos na rede IP eram iguais. A arquitetura de Internet hoje é mais hierárquica, mas o Protocolo da Internet ainda mantém sua essência de topologia plana. Além do bitcoin, a aplicação mais difundida e de maior sucesso das tecnologias P2P é o compartilhamento de arquivos, com o Napster sendo o pioneiro e o BitTorrent como a evolução mais recente da arquitetura[45].

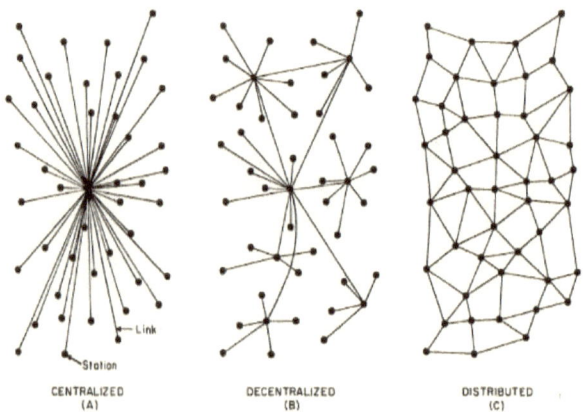

Figura 8 – Diferentes topologias de rede
Fonte: curso its bitcoin - aula 4: implementações em blockchain.

---

45 ANTONOPOULOS, Andreas M. Mastering Bitcoin. LLC https://bitcoinbook.info. Copyright 2016, p. 147, consultado em 19/02/2017.

A figura acima (Figura 8) define de forma visual o que seria uma rede de topologia centralizada (A), uma rede distribuída, mas de hierarquia centralizada (B) e uma rede distribuída e descentralizada (C). Importante notar que a rede (B), não obstante na figura ser definida erroneamente de descentralizada, na verdade é distribuída, mas de hierarquia centralizada já que possuí um nodo central que figura como servidor de todos os outros nodos.

As redes de topologia distribuída e hierarquia centralizada figuram nos provedores de conteúdo da internet como Google.Inc, Facebook. Inc dentre outros. Já a rede C, é uma rede descentralizada, pois não apresenta hierarquia. Todos os nodos tem a mesma posição, não havendo hierarquia entre os nodos que cumprem o papel de servidores ao mesmo tempo que em que são terminais.

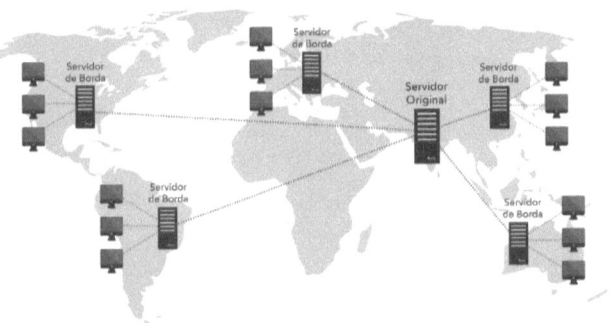

Figura 9 – Exemplo de rede distribuída e centralizada (ex. Cloudfare)

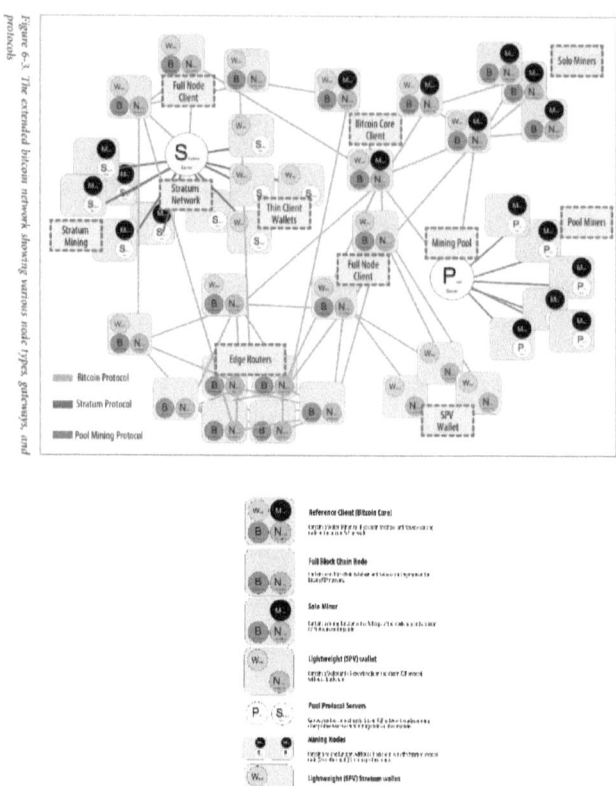

Figura 10 – Rede extendida do Bitcoin
Fonte: curso its bitcoin - aula 4: implementações em blockchain

      A arquitetura de rede P2P do Bitcoin é muito mais do que uma escolha de topologia. O bitcoin é projetado como um sistema de dinheiro digital ponto-a-ponto, e a arquitetura da rede é tanto um reflexo e uma base fundamental dessa característica chave. Descentralização do controle é um princípio chave do projeto e ela só pode ser obtida e mantida através de uma rede de consenso P2P descentralizada[46].

As fragilidades do Bitcoin

É possível apontar algumas fragilidades da rede bitcoin, decorrentes em grande medida da sua própria arquitetura. Dentre elas, abordaremos as que nos parecem principais: *Volatilidade, Violação de segurança, uso para fins criminosos, meio com potencial especulativo financeiro.*

i) Volatilidade

Desde que surgiu, o Bitcoin já sofreu ajustes de preços significativos, desde 2011[47]. Tais ajustes se aproximam do que se convencionou chamar de bolhas especulativas: repercussão na imprensa sobre a moeda acaba por atrair investidores novatos que ampliam sobremaneira a demanda da moeda, o que força seu aumento em relação às meodas convencionais[48]. A última alta registrada foi por força do anúncio pelo governo japonês que reconheceria a moeda digital como tal e aceitaria esta como forma de pagamento no país. Tal anúncio provocou uma demanda por bitcoin que provocou um significativo ajuste de preço (hoje um bitcoin vale R$ 7.282,00)[49]. Contudo, o deslumbramento com os ganhos atingem seu ápice em determinado momento e, neste ponto, a moeda cai.

---

46 ANTONOPOULOS, Andreas M. Mastering Bitcoin. LLC https://bitcoinbook.info. Copyright 2016, p. 147. consultado em 19/02/2017
47 ULRICH, Fernando. Bitcoin - a moeda na era digital. 1ª edição. Instituto Ludwig Von Mises Brasil. São Paulo. 2014, p. 28.
48 ULRICH, Fernando. Bitcoin - a moeda na era digital. 1ª edição. Instituto Ludwig Von Mises Brasil. São Paulo. 2014, p. 28.
49 PAYÃO, Felipe. Em alta, bitcoin já vale mais de R$ 7,2 mil< https://www.tecmundo.com.br/bitcoin/116927-alta-bitcoin-vale-r-7-2-mil.htm> consultado em 13/07/2017.

Esta volatilidade provocada pelas expectativas de ganho rápido com o bitcoin, é o calcanhar de Aquiles para os defensores da moeda sem controle de uma autoridade central. A volatilidade encontrada no preço da moeda, decorrente de bolhas especulativas, traz aquilo que o bitcoin se propôs a afastar ao retirar a moeda do controle estatal: a imprevisibilidade do valor da moeda. Ao defenderem uma moeda sem o controle estatal os desenvolvedores do bitcoin e das criptomoedas em geral, associavam a variação do valor real da moeda ao controle irresponsável do Estado. O chamado imposto inflacionário seria uma forma do Estado transferir ou externalizar seus custos decorrente de política monetária ineficiente para os demais agentes econômicos. O que se verifica, contudo, com o bitcoin, é que sua volatilidade desenfreada, tendo como vetor as forças do mercado, imprime as mesmas consequências que eram imputadas ao controle estatal sobre a moeda.

ii) Violação de segurança

Um problema decorrente da própria natureza das moedas digitais é o risco da perda da moeda, por, de forma inadvertida, a pessoa pode apagar ou perder o arquivo do bitcoin. Se as pessoas não protegem seu endereço bitcoin, também estão sujeitas a serem roubadas. Não obstante as carteiras bitcoin possam, agora, ser protegidas por criptografia, se os usuários não selecionarem esta opção, seus bitcoins podem ser roubados por um *malware*[50]. As casas de câmbio de bitcoin também enfrentam problemas relacionados à segurança. Hackers furtaram 24 mil BTC (então valorados em 250 mil dólares) de uma casa de câmbio

---

50 O termo malware é proveniente do inglês malicious software; é um software destinado a se infiltrar em um sistema de computador alheio de forma ilícita, com o intuito de causar algum dano, alterações ou roubo de informações (confidenciais ou não).

chamada Bitfloor em 2012[51], e houve em uma série de ataques DDoS (distributed denial-of-service) contra a mais popular casa de câmbio, Mt.Gox, em 2013[52].

Obviamente, muitos dos riscos de segurança enfrentados pelo Bitcoin são similares àqueles com os quais moedas tradicionais também se defrontam. Notas de reais podem ser destruídas ou perdidas, informação financeira pessoal pode ser roubada e usada por criminosos e bancos podem ser assaltados ou alvos de ataques DdoS. Contudo, mesmo que os usuários aprendam como se prevenirem e desenvolvam formas de precaução em relação à preservação de seus ativos, ainda assim, é possível considerar que, diante da volatilidade do preço da moeda, em épocas de alta de preço inevitavelmente a moeda atrairá a atenção da ambição daqueles que não mediriam esforços para obtê-la. Assim, parece que a violação de segurança se tornará cada vez mais complexa em razão do valor do ativo visado. Como não há nenhuma autoridade a proteger tal ativo, que se encontra entregue aos ditames da "mão invisível" do mercado, não há muito o que fazer caso haja a violação da segurança.

iii) Uso para fins criminosos

O uso para fins criminosos ficou patente a partir do caso em que ocorreu o sequestro de dados de computadores em diversos países e instituições e o resgate a ser pago foi pedido em bitcoin. Além de colocar em evidência a moeda de cuja existência, até então, a maioria das pessoas no mundo não davam conta de sua existência, também mostrou ao mundo um aspecto da utilização do bitcoin que já

---

51 COLDEWEY, Devin. $250,000 Worth of Bitcoins Stolen in Net Heist, NBC News, 5 set. 2012. Disponível em: <http://www.nbcnews.com/technology/250-000-worth-bitcoins-stolen-net- -heist-980871>. consultado em: 14/06/2017.
52 KELLY, Meghan. Fool Me Once: Bitcoin Exchange Mt.Gox Falls after Third DDoS Attack This Month, VentureBeat, 21 abr. 2013. Disponível em: <http://venturebeat.com/2013/04/21/mt-gox-ddos/>. consultado em 14/06/2017.

era conhecido dos órgãos policiais mundiais, ou seja, sua utlização como moeda da criminalidade cibernética.

Um exemplo notório é o caso do site de mercado negro em *deep web*[53] conhecido como Silk Road[54]. Esse site se aproveitava da rede Tor para anonimato e da natureza de se usar pseudônimo no Bitcoin para disponibilizar um vasto mercado digital em que se podia encomendar drogas por correio, além de outros produtos lícitos e ilícitos. Ainda que os administradores do Silk Road não permitissem a troca de nenhum produto que resultasse de fraude ou dano, como cartões de crédito roubados ou fotos de exploração de menores, era permitido aos comerciantes vender produtos ilegais, como documentos de identidade falsos e drogas ilícitas. O fato de se usar pseudônimo no Bitcoin permitia que compradores adquirissem produtos ilegais online, da mesma forma que o dinheiro tem sido tradicionalmente usado para facilitar compras ilícitas pessoalmente. Um estudo estimou

---

53 Deep Web (também chamada de Deepnet, Web Invisível, Undernet ou Web oculta) se refere ao conteúdo da World Wide Web que não é indexado pelos mecanismos de busca padrão, ou seja, não faz parte da Surface Web. Não deve ser confundida com a Dark Internet, que está relacionada à porção da Internet que não pode ser acessada ou que se tornou inacessível por meios convencionais. Também não se confunde com a Darknet, que não é uma simples rede de compartilhamento de arquivos, mas uma rede subjacente ou em camadas, onde existem grandes esforços no sentido de se manterem anônimos os dados de seus utilizadores. Fonte: Wikipedia "Deep Web". Disponível em http://en.wikipedia.org/wiki/Deep_Web. Consultado em: 14/06/2017.

54 O site Silk Road foi fechado pelas autoridades americanas no final de 2013, mas a associação do Bitcoin ao uso para fins criminosos é algo recorrente. Isso nos remete a um ponto fundamental: o Bitcoin é uma tecnologia e, portanto, não é boa nem má. É neutra. O crime está na ação do infrator, jamais na tecnologia empregada para tal. O Bitcoin, ou qualquer outra forma de dinheiro, pode ser usado para o bem ou para o mal. Além disso, a compra e venda de drogas, dependendo do país, já é algo normal e perfeitamente lícito. Isso quer dizer que a proibição das drogas é uma questão política que independe por completo do Bitcoin. Ademais, a experiência sugere que a guerra às drogas é muito mais nefasta do que qualquer consequência derivada de seu uso por cidadãos honestos.

que o total de transações mensais no Silk Road alcance aproximadamente 1,2 milhão de dólares[55]. Mas o mercado de Bitcoin acumulou 770 milhões de dólares em transações durante junho de 2013; vendas no Silk Road, portanto, constituíam uma quase insignificante parcela do total da economia Bitcoin[56].

Outra preocupação é que o bitcoin seja usado para a lavagem de dinheiro para o financiamento do terrorismo e tráfico de produtos ilegais. Apesar de essas inquietações serem, neste momento, mais teóricas do que empíricas, o bitcoin poderia de fato ser uma opção àqueles que desejam mover dinheiro de origem ilícita discretamente.

O Bitcoin, contudo, é uma moeda descentralizada aberta que fornece um registro público de todas as transações. Lavadores de dinheiro podem tentar proteger seus endereços de Bitcoin e suas identidades, mas seus registros de transações serão sempre públicos e acessíveis a qualquer momento pelas autoridades. Neste sentido, lavar dinheiro por meio do Bitcoin pode ser visto como uma empreitada muito mais arriscada do que usar um sistema centralizado. A combinação de um sistema de registro público (o livro-razão do Bitcoin, ou o blockchain) com a cooperação das casas de câmbio na coleta de informações dos usuários fará do Bitcoin uma via relativamente menos atrativa aos lavadores de dinheiro.

iv) Meio com potencial especulativo financeiro.

---

55 CHRISTIN, Nicolas. Traveling the Silk Road: A Measurement Analysis of a Large Anonymous Online Marketplace, Carnegie Mellon CyLab Technical Reports: CMU-CyLab-12-018, 30 jul. 2012 (atualizado em 28 Nov. 2012). Disponível em: <http://www.cylab.cmu.edu/files/pdfs/tech_reports/ CMUCyLab12018.pdf>. Consultado em: 14/06/2017.
56 WOLF, Brett. Senators Seek Crackdown on 'Bitcoin' Currency, Reuters, 8 jun. 2011. Disponível em: <http://www.reuters.com/article/2011/06/08/us-financial-bitcoins-idUSTRE7573T320110608>. Consultado em: 15/06/2017.

Tal característica do Bitcoin decorre tanto de sua volatilidade associado à ausência de regulação. Diante do fato de seu preço depender única e exclusivamente das forças do mercado, isto é, da relação entre oferta e demanda, associado à ausência de uma regulação ou controle e fiscalização de um órgão garantidor da previsibilidade de sua cotação, uma possível consequência da junção destes fatores é o uso como ativo especulativo. Em resumo, a moeda pode ser utilizada como meio de ganhos substanciais em pouquíssimo tempo por meio de ações de manipulação do mercado. Diante da total ausência de uma regulação contra esse fator, há uma imprevisibilidade que amplia o riscos na realização de negócios envolvendo o bitcoin como reserva de valor, ou seja, como ativo de investimento.

1.5 – Crítica

Os defensores do Bitcoin e da desestatização do dinheiro, tanto os economistas da corrente libertária[57] quanto os ciberanarquistas, explicitada por Wei Dai, membro da lista de discussão *cypherpunk*[58], em 1998, ao discorrerem sobre a

---

57 HAYEK, Friedrich A. Desestatização do Dinheiro. 2ª edição. São Paulo : Instituto Ludwig von Mises. Brasil, 2011, ULRICH, Fernando. Bitcoin - a moeda na era digital. 1ª edição. Instituto Ludwig Von Mises Brasil. São Paulo. 2014.
58 Nas palavras de Wei Dai, uma criptomoeda teria impactos extraordinários: "Eu estou fascinado com a cripto-anarquia do Tim May [membro fundador da lista de discussão Cypherpunk]. Ao contrário das comunidades tradicionalmente associadas à palavra 'anarquia', em uma cripto-anarquia o governo não é temporariamente destruído, mas permanentemente proibido e permanentemente desnecessário. É uma comunidade em que a ameaça de violência é impotente porque é impossível, e a violência é impossível porque os participantes não podem ser vinculados aos seus nomes verdadeiros ou às localidades físicas... Até agora não está claro, até mesmo teoricamente, como tal comunidade poderia operar. Uma comunidade é definida pela cooperação de seus participantes e cooperação eficiente requer um meio de troca (dinheiro) e uma forma de fazer cumprir contratos. Tradicionalmente esses serviços têm

possibilidade de produção de consenso em sistemas descentralizados, fazem a seguinte pergunta, em última instância: *como seria possível produzir consenso ou mesmo verdade em um sistema onde não houvesse um poder soberano centralizado, seja na mão de um monarca, de um grupo dominante ou mesmo no Estado?*[59]

Partindo de uma ideia rígida de verdade consensual, ou mesmo de uma verdade consensual que se enrijece e se torna imutável, em fração de segundos, conforme a sobreposição dos blocos, aduzem que tal possibilidade suprime completamente o papel do Estado nas relações econômicas, dando ao indivíduo a autonomia total sobre o quanto e como vale sua moeda, ao retirar o poder estatal de implementar políticas monetárias que, segundo eles, provocam o viés inflacionário, que atinge em última instância o indivíduo[60].

Diante desse discurso, propõem uma radicalização do conceito de democracia, "democratizando" o poder soberano de controle de emissão de moeda. O indivíduo, a partir dessa tecnologia, teria a capacidade de

---

sido providos pelo governo ou por instituições patrocinadas pelo governo e somente a entidades jurídicas. Neste artigo eu descrevo um protocolo pelo qual esses serviços podem ser providos para e por entidades não rastreáveis... O protocolo proposto neste artigo permite que entidades pseudônimas não rastreáveis cooperem umas com as outras mais eficientemente, por meio da provisão de um meio de troca e um método de fazer cumprir contratos. Provavelmente o protocolo pode ser aprimorado, mas espero que isso seja um passo à frente do sentido de tornar a cripto-anarquia uma possibilidade prática e teórica". Disponível em: <http://www.weidai.com/bmoney.txt>. Consultado em: 16/06/2017.

59 HAYEK, Friedrich A. Desestatização do Dinheiro. 2ª edição. São Paulo : Instituto Ludwig von Mises. Brasil, 2011, ULRICH, Fernando. Bitcoin - a moeda na era digital. 1ª edição. Instituto Ludwig Von Mises Brasil. São Paulo. 2014.

60 HAYEK, Friedrich A. Desestatização do Dinheiro. 2ª edição. São Paulo : Instituto Ludwig von Mises. Brasil, 2011, ULRICH, Fernando. Bitcoin - a moeda na era digital. 1ª edição. Instituto Ludwig Von Mises Brasil. São Paulo. 2014.

controlar o quanto vale o seu dinheiro. Seria a supressão do último bastião, segundo os defensores de tal tecnologia, do Estado no controle da vida privada: o controle do valor da moeda e de sua emissão. No entanto, tal abordagem não considera as fragilidades da moeda digital descentralizada e desvinculada de controle de uma autoridade monetária estatal, qual seja, a volatilidade, violações de segurança, uso da moeda para fins criminosos e o alto grau especulativo do ativo em questão, tratando-os como simples desafios a serem superados pela implementação do dinheiro digital[61].

Tais ideias, de conotação profundamente anárquico-libertária, evidenciam uma retomada de ideal de autonomia privada radical no plano econômico sob o argumento de "democratização da soberania". Contudo, para se entender o que se quer dizer com tal conceito, há necessidade de se investigar o que se entende como "soberania" e "democracia" e em que medida se pode operar uma "democratização da soberania"[62] a partir da democratização do controle sobre a moeda e se tal operação se daria nos moldes propostos pelos defensores de tal ideal, moldes muito próximos de uma radicalização da ordem econômica libertária, e quais poderiam ser as consequências jurídico econômicas de tal abordagem[63].

---

61 HAYEK, Friedrich A. Desestatização do Dinheiro. 2ª edição. São Paulo : Instituto Ludwig von Mises. Brasil, 2011, ULRICH, Fernando. Bitcoin - a moeda na era digital. 1ª edição. Instituto Ludwig Von Mises Brasil. São Paulo. 2014.

62 Tal análise se dará no Cap 3.

63 Para tanto se faz necessário investigar a relação entre os conceitos de soberania e democracia, conceitos jurídico-políticos, buscando nessa relação os pontos de tensão e de aproximação entre os conceitos em uma perspectiva metodológica histórico-social, para a partir daí empreender uma abordagem analítico - dogmática mas sem se desviar das determinações histórico-sociais de tais conceitos. Ao que pode parecer em um primeiro momento inconciliável, qual seja, o emprego de métodos aparentemente inconciliáveis, se mostrará possível em principal quando se empreende uma análise conceitual. Como é sabido, os conceitos têm seus conteúdos construídos a partir de diferentes âmbitos de

É por isso que se inicia o próximo capítulo investigando a natureza da moeda a partir de uma análise das diferentes compreensões histórico-sociais do conceito respectivo, para daí delimitar o horizonte de compreensão presente a tradição jurídico-político-econômica, a respeito deste conceito, a fim de determinar o que define que em uma comunidade um determinado bem se torne uma moeda para aqueles membros da comunidade.

Também se analisará o conceito de moeda para se compreender os atributos inerentes a esta a fim de que esta seja apta a ser empregada na sociedade.

Após isso, se investigará a questão convencional da moeda, elemento que os idealizadores da moeda digital têm em apreço e que, sem dúvida, obtiveram êxito em conseguir desenvolver um meio eletrônico de certificação imune a falsificação ou duplo envio, com o fito de abolir a necessidade de autoridade certificadora.

Ao final, aborda-se a natureza jurídica da moeda a fim de contrastá-la com a moeda digital com o objetivo de

---

compreensão que são determinados, em última instância, pela fusão de horizontes de compreensão do intérprete e da tradição em que ele se insere. Assim, é perfeitamente factível, em um contexto metodológico de matiz profundamente hermenêutico, construir uma ponte entre métodos que aparentemente se excluem. Tanto uma análise histórico-social, quanto uma análise jurídico-dogmática se permeiam de pré-compreensões, cristalizadas no âmbito da própria tradição das ciências do espírito que precisam ser compreendidas dentro desse contexto hermenêuticoGADAMER, Hans-Georg. Verdade e Método, Vol I. 10ª edição. Ed. Vozes. 2008, pg 396: *"Um pensamento verdadeiramente histórico deve incluir sua própria historicidade em seu pensar. Só então deixará de perseguir o fantasma de um objeto histórico – objeto de uma investigação que está avançando – para aprender a conhecer no objeto o diferente do próprio, conhecendo assim tanto um quanto o outro. O verdadeiro objeto histórico não é um objeto, mas a unidade de um e de outro, uma relação formada tanto pela realidade da história quanto pela realidade do compreender histórico. Uma hermenêutica adequada à coisa em questão deve mostrar a realidade da história na própria compreensão. A essa exigência eu chamo de "história do efeito". Compreender é, essencialmente, um processo de história do efeito".*

determinar em que medida esta pode ser considerada pelo ordenamento jurídico, como uma moeda.

2 – A MOEDA COMO VALOR INSTITUCIONALIZADO SOCIALMENTE

2.1 – A moeda

A abordagem acerca da circulação, fenômeno de se movimentação dos bens econômicos e que é visado tanto pela economia quanto pelo direito, faz de suma importância para a compreensão do problema posto, qual seja, o de *se a emissão de moeda por parte de uma autoridade central, vinculada ao Estado, é expressão da soberania nacional na ordem econômica e se seria possível a soberania nacional na ordem econômica em uma modelo de moedas privadas, isto é, sem controle por parte de uma autoridade central.* Para tanto, é necessário separar o problema complexo apresentado em partes que podem ser visadas sob diferentes ângulos a fim de obter um quadro mais amplo da questão. Assim, temos como problemas a serem respondidos no presente capítulo os de se definir o que se quer dizer com moedas. *Que tipos de moedas? Quanto a sua emissão, para quais fins?*

Antes importa uma breve digressão sobre o papel da moeda no fenômeno da circulação de bens e serviços na atividade econômica e sua relevância para a ordem jurídica.

O fenômeno da circulação surge como fato econômico necessário para as transferências e movimentação de riqueza. Sem dúvidas, quando se visa ao fenômeno da circulação, sempre vem à mente, de forma espontânea, a circulação física[64]. No entanto, a circulação não se esgota apenas em sua dimensão física, pois há bens que não são físicos mas estão sujeitos à circulação, como os bens de

---

64 CAMARGO, Ricardo Antônio Lucas. Economia Política para o curso de direito. Ed. Sérgio Antonio Fabris. Porto Alegre. 2012, p. 92.

natureza imaterial, assim como também há bens de natureza material que, por sua própria natureza não estão sujeitos a fisicamente circularem mas que podem, economicamente, serem movimentados, como os bens imóveis. Estes podem ter sua titularidade transferida sem que os mesmos se movam do lugar onde estão. Assim o conceito de circulação, que pressupõe movimento, não se vincula, na dimensão econômica, ao aspecto físico. A circulação de bens e serviços é um fenômeno econômico e sua movimentação se dá no bojo desta dimensão.

Tal circulação econômica é, também, jurídica, pois é por meio de institutos jurídicos ou com os mais diversos tipos de contratos que tal movimentação se dará.

No âmbito da economia de mercado[65], o instituto da circulação ganha relevo posto que é mediante dele que a movimentação de riquezas se dá a fim de alocar de forma eficiente recursos escassos de forma a satisfazer as necessidades, sejam elas reais ou imaginárias.

---

[65] Importante esclarecer o que se quer dizer com o termo "mercado" no presente trabalho. Maria Ferrarese observa que "la storia rivela una grande varietà di forme di mercato"(FERRARESE, Maria Rosaria. Diritto e mercato: il caso degli Stati Uniti. Torino: Giappichelli, 1992. p. 18. Tradução livre: "a história revela uma grande variedade de formas de mercado."), e apresenta uma interessante classificação dos seus diversos significados, pois, ainda que seja meramente analítica, individualiza ao menos quatro noções que confirmam a ideia de mercado enquanto conceito tipológico, sendo elas: a) O mercado como lugar, ou seja, pode ser um lugar fisicamente determinado ou um lugar ideal, uma área da vida social dedicada às trocas e às transações econômicas; b) O mercado como ideologia, para a qual a liberdade de mercado parece ser essencial para o propósito de preservação de um quadro político liberal; c) O mercado enquanto paradigma para as ações sociais, dado que possibilita a previsão do comportamento dos atores sociais diante de uma série de incertezas, o que expressa bem a ideia de uma racionalidade econômica diante dos propósitos dos indivíduos; d) O mercado como instituição, ou seja, mais do que uma mera função econômica de alocação de recursos, o mercado também é um eficaz organizador das relações sociais. No presente trabalho se adota a ideia de mercado enquanto instituição.

Profundamente associada à ideia do mercado, como um local de circulação de mercadorias e de pessoas, vendedoras e compradoras, realizando as trocas econômicas, a circulação, em tempos remotos se dava entre as próprias mercadorias.

Weber aponta que o comércio sempre foi um fenômeno inter-étnico, não se apresentando entre membros de uma mesma comunidade ou tribo. Trata-se de um fenômeno exterior às tribos e comunidades, porque só se dirige a pessoas alheias àquelas. Segundo o autor, tal fato poderia ser em decorrência de uma especialização inter-étnica da produção. Isto é, as comunidades ou tribos passam a se especializar na produção de um determinado bem, com o objetivo de criar excedente na produção e, a partir daí, trocar esse excedente com outras tribos que também se especializaram em produção de algum produto de interesse da tribo. A circulação inicialmente se apresenta como uma ocupação acessória das tribos, restrita a campesinos e artesãos, precisamente como labor de temporada. Passa-se, posteriormente, a uma fase de comércio ambulante, ampliando-se para comunidades tribais que se dedicam exclusivamente ao comércio.

Algumas comunidades tribais que detêm uma habilidade manufatureira mais apurada, passam a ser visitadas por outras para troca de bens. Surge assim a circulação de mercadorias, bens que se destinam a circulação econômica. O valor de troca dos bens começa a sobressair em face de seu valor de uso. Nesta fase prevalece, segundo Weber, o comércio inter-étnico, de natureza tribal. Distingue-se dessa prática o comércio urbano artesanal, decorrente da especialização e divisão do trabalho mais radical que surge inicialmente entre cidades e campo. As cidades se consagram à indústria e comércio enquanto o campo mantém as atividades agrícolas, renunciadas pela primeira. Diante da necessidade de comprar suas provisões de alimentos dos camponeses da periferia e vender seus produtos manufaturados a esses, as relações que passam a ter um caráter contratual. De cunho econômico. Também se desenvolve a especialização entre produtores e artesãos. Verifica-se a criação de especialidades profissionais cada vez mais numerosas, cindindo-se em misteres[66].

A moeda surge nesse contexto, inicialmente como a troca de bens que pertencem àqueles agentes econômicos e profundamente ligado à noção de propriedade individual. Conforme aponta Weber, não há objeto algum com caráter de dinheiro que, por sua vez, não esteja revestido do caráter de propriedade individual. Para isso, traça um paralelo entre o dinheiro e os objetos e utensílios elaborados pelos indivíduos, como armas e ferramentas, quanto ao homem e ornamentos quanto à mulher. Tais objetos se sujeitavam a uma espécie de direito sucessório especial, de pessoa a pessoa e, para Weber, é em seu âmbito que se deve buscar a origem do dinheiro[67].

Para Weber, não obstante, o dinheiro hoje tenha como funções características ser um meio geral de troca e um meio legal de pagamento, na fase inicial das trocas interétnicas o dinheiro nada tinha a ver com meio geral de troca, mas apenas meio legal de pagamento. Nessa fase, o dinheiro nada tem a ver com trocas. A aquisição desta peculiaridade só se tornou possível a partir do momento em que uma economia sem trocas, conheceu também prestações

---

66 WEBER, Max. História económica general. Tradução Manuel Sánchez Sarto. Ed. Fondo de Cultura Económica. México. 2001, p. 173, 174; LAJUGIE, Joseph. Os sistemas econômicos. Tradução: Geraldo Gerson de Souza. 5ª edição. Coleção "saber atual". Editora Difel. São Paulo. 1976, p. 25.

67 WEBER, Max. História económica general. Tradução Manuel Sánchez Sarto. Ed. Fondo de Cultura Económica. México. 2001, p. 207.

econômicas que, sem se basear na troca, requeriam, inobstante, um meio de pagamento: tributos, regalias para os chefes, o preço da noiva, dote, composição, multas, castigos, em suma, prestações que exigiam determinados meios de pagamento. Para Weber, tal característica evidenciava um *sistema de economia fechada* ou de *necessidade*[68]. Em tal sistema, não havia ainda trocas, apenas meio de pagamento. Note-se que Weber coloca a função de meio de pagamento anterior ao surgimento da moeda como meio circulante oficial. Em outras palavras, a função de meio de pagamento é herdada, pela moeda, quando de seu surgimento, dos bens e utensílios pessoais que antes eram utilizados como meio de pagamento de tributos, dotes, regalias aos chefes etc em um momento que, em uma economia sem trocas que conheceu prestações econômicas que, sem basear-se na troca, requeriam um meio de pagamento.

Weber é o primeiro a identificar a função de meio de pagamento em um sistema econômico fechado ou de necessidade onde havia a exigência de um meio de pagamento que independia da moeda. Nicole Oresme, em seu Pequeno Tratado sobre a Moeda, quando expõe a origem do dinheiro o coloca como surgimento de uma necessidade de meio de troca. Para isso escora-se na doutrina de Aristóteles que afirma que a criação do dinheiro foi necessária para substituir os bens que seriam trocados no mercado[69].

---

68 Sobre tal definição: LAJUGIE, Joseph. Os sistemas econômicos. Tradução: Geraldo Gerson de Souza. 5ª edição. Coleção "saber atual". Editora Difel. São Paulo. 1976, p. 11: " - Ou esse equilíbrio é procurado no seio de um grupo fechado (família, domínio rural), buscando os produtores tão somente assegurar a satisfação de suas próprias necessidades, produzindo o que lhe falta, e apenas o que lhes falta, sem se preocupar em vender os produtos de sua fabricação e adquirir outros: é a concepção de economia de necessidade, que corresponde aos sistemas de economia fechada".
69 ORESME, Nicole. Pequeno tratado da primeira invenção das moedas (1355) Nicole Oresme; tradução de Marzia Terenzi Vicentini. Sobre a moeda (1526) /

Para Oresme, a moeda surge com o objetivo de proporcionar ao comércio um meio de troca eficiente que substitua a troca direta dos bens entre os agentes econômicos. Quando as comunidades e tribos iniciam uma divisão do trabalho, produzindo excedentes com o fito de promover trocas de uma forma mais eficiente, sentem a necessidade de criar o dinheiro, um instrumento que substitua os bens nas prestações econômicas. O papel da moeda é instrumental. Oresme também adere à ideia de Aristóteles de que a riqueza produzida pelo advento da moeda é uma riqueza artificial, pois se remete a riqueza real, que decorre da propriedade dos bens[70].

Neste ponto, em que se distingue a riqueza que se baseia na propriedade dos bens como riqueza real, em contraposição a uma riqueza artificial decorrente da propriedade do dinheiro, a concepção aristotélica pontua um aspecto que, ao que tudo indica, seja posterior à concepção defendida por Weber, de que, inicialmente, o dinheiro estivesse imbricado nos próprios bens, ou mesmo em bens específicos e, por conta desta compreensão, tenha se formado a noção de propriedade individual. Isso porque na fase evolutiva do dinheiro como meio de pagamento, era admissível que se utilizasse de determinadas formas de pagamento que figuravam, para situações específicas, como moeda e meio legal de pagamento. Em tal fase não caberia pensar em uma moeda uniforme no sentido atual, mas sim em determinadas classes de bens correspondentes aos distintos tipos de prestações dentro de cada setor econômico. Cada

---

Nicolau Copérnico; tradução de Alessandro Henrique Poersch Rolim de Moura. - Curitiba. Segesta, 2004, p. 35.

70 ORESME, Nicole. Pequeno tratado da primeira invenção das moedas (1355) Nicole Oresme; tradução de Marzia Terenzi Vicentini. Sobre a moeda (1526) / Nicolau Copérnico; tradução de Alessandro Henrique Poersch Rolim de Moura. - Curitiba. Segesta, 2004, p. 35.

uma delas assume funções de pagamento e desta sorte, coexistem moedas específicas de distinta índole. Exemplo dado por Weber para demonstrar tal característica é a de que, em nenhuma ocasião se poderia comprar uma mulher usando conchas como moeda, somente cabeças de gado. Muito embora em pequenos negócios fosse admissível o pagamento com conchas porque permitiam a divisão em quantidades menores[71].

A moeda, como meio de pagamento apenas, não envolvia prestações econômicas, ou seja, não envolvia a divisão do trabalho ou a diferenciação ou especificação da mão de obra. Trata-se de um modelo de *economia natural,* em contraposição a uma *economia monetária.* Esta última pressupõe a função cambial da moeda, utilizada com meio de troca, o que pressupõe a especialização e diferenciação ou divisão do trabalho. Surge a profissão e desta especialização profissional, surge a produção especializada de bens, com excedente, com o propósito de promover trocas. Como bem colocado por Weber, a função de troca da moeda surge com o comércio internacional. A necessidade de realização de trocas de bens exigiu a criação de um referencial onde se pudesse medir o valor diverso de cada bem. A moeda, enquanto meio legal de troca, aparece como um referencial para determinação proporcional de valores entre bens de natureza distinta. Desta forma, ao realizar a troca, o indivíduo sabe que, por exemplo, as suas 100 sacas de batata *vale* 1 cavalo. Para se estabelecer uma correlação entre tais coisas no momento da troca, foi necessário a criação de parâmetro, de um critério que colocasse em uma base comum, coisas de natureza distinta[72].

---

71 WEBER, Max. História económica general. Tradução Manuel Sánchez Sarto. Ed. Fondo de Cultura Económica. México. 2001, p. 207.
72 WEBER, Max. História económica general. Tradução Manuel Sánchez Sarto. Ed.

Ao que se pode notar, o surgimento da moeda está intimamente ligado ao fenômeno de circulação econômica de bens. Assim, ao se falar em moeda, no sentido atual, o fenômeno da circulação econômica necessariamente será tratado, o que permite concluir que a própria circulação de moeda é, em si, circulação econômica.

Keynes, em seu *a treatise on money*, procura analisar de forma exaustiva os diferentes aspectos em que a moeda se apresenta. Sua análise difere da sociológica compreensiva de Weber, tendo como ideia central uma visão econômica do desenvolvimento do dinheiro. Contudo, mesmo partindo de premissas distintas conclui que a moeda, enquanto tal, necessita de presença estatal para que se concretize, ou seja, a moeda se constitui somente a partir do momento em que o Estado assume a função de garantir que aquele determinado ativo tem força liberatória de obrigações contratuais de compra e venda ou mesmo de pagamento futuro[73].

Em suma, ao que tudo indica, a moeda se constitui sob uma dupla dimensão, sendo a primeira a dimensão sociológico-cultural e a segunda em uma dimensão jurídico-normativa.

2.2 – Breve histórico sobre a moeda

Como já apontado, a moeda surge a partir do momento em que a atividade econômica se torna mais complexa, em especial com a utilização de bens como meio de pagamento. Assim, independente da necessidade de trocas entre bens, que pressupõe já uma especialização e

---

Fondo de Cultura Económica. México. 2001, p. 7.
73 KEYNES, John Maynard. A treatise on money: in two volumes. Martino Publishing. New York. 2011, p. 3-10.

diferenciação na produção de bens e utensílios, a função de meio de pagamento independe da relação de troca[74]. Bens específicos eram utilizados como meio de pagamento de tributos, regalias aos chefes tribais, dotes por casamento, o preço de uma noiva, multas e castigos. Tratava-se de obrigação que tinha como fundamento aspectos de natureza religiosa e tribal, fundados na tradição e num sistema econômico baseado na organização doméstico pastoril e dominial agrícola. As prestações decorriam de tais obrigações e exigiam certos meios de pagamento específicos. Aqui ainda não há o que se falar em trocas, e os pagamentos se relacionavam, muitas vezes, a obrigações de natureza religiosa.

Weber afirma que somente de um modo secundário se associa a essas manifestações uma forma de obséquio, não do súdito ao soberano, senão do chefe ao seu séquito, como o soldo, que o senhor entrega aos seus vassalos em forma de doação e mais tarde se tornam os pagamentos do chefe dos mercenários a seus soldados. Importante destacar o sentido etimológico do termo "soldo" que dá origem a palavra "soldado". Tal termo tem origem na palavra "sal" que deu origem também ao termo "salário", pois era utilizado como moeda de pagamento dos serviçais do soberano ou monarca. Por se tratar de um meio de pagamento e não de um meio de troca, que pressupõe a circulação econômica, onde há transferência de titularidade da propriedade, é certo que ao se falar em meio de pagamento não há uma contraprestação, ou seja, não há uma bilateralidade de obrigação, mas sim, um ato unilateral. Há apenas prestação por parte do senhor ao seu séquito. Como colocado por Weber, há doação[75].

---

74 WEBER, Max. História económica general. Tradução Manuel Sánchez Sarto. Ed. Fondo de Cultura Económica. México. 2001, p. 207.

Na medida em que as relações se tornam mais complexas e se inicia uma diferenciação ou especialização na produção de determinados bens, com o objetivo de gerar excedente que seria trocado por artigos de necessidade que não eram produzidos pela comunidade, as relações de troca ganham relevo e se agrega à função de meio de pagamento, a de meio de troca. Contudo, ainda aqui há uma relação direta entre os bens a serem trocados, ou seja, havia necessidade de uma dupla coincidência de interesses. Neste período a moeda era a moeda mercadoria. Decorrência disso era a necessidade de uma *valor intrínseco* da mercadoria para que esta pudesse ser transacionada em uma relação de troca. Com valor intrínseco, quer-se dizer que o bem teria valor mesmo que não fosse usado como moeda[76]. Contudo, mesmo assim, havia uma série de transtornos decorrentes da troca direta. Imagine-se que determinada pessoa pudesse ter excesso de um dado produto, enquanto outra careceria desse mesmo bem. Mas se esta última não dispusesse de algo desejado pela primeira, nenhuma permuta se consumaria. Assim, para evitar as inconveniências geradas por situações desse tipo, além do resultado de seu próprio esforço produtivo todo homem prudente teria sempre consigo determinada quantidade de outra mercadoria, que poucos se recusassem a aceitar, em troca dos produtos de suas atividades. Recorrendo a essa outra mercadoria, os indivíduos fomentaram o que veio a ser chamado de "trocas indiretas".

Com a ampliação do processo de diferenciação e divisão do trabalho, as trocas indiretas ganharam mais impulsos, isso em decorrência da ampliação da variedade de

---

75 WEBER, Max. História económica general. Tradução Manuel Sánchez Sarto. Ed. Fondo de Cultura Económica. México. 2001, p. 207.
76 MANKIW, N.Gregory. Introdução à economia. Tradução: Allan Vidigal Hastings. Elisete Paes e Lima. Editora Cengage Learning. São Paulo, 2012, p. 617.

bens aptos a troca. Percebeu-se que, ao invés de se buscar a "dupla coincidência de interesses", tão difícil quando se tem uma variedade maior de bens a serem transacionados, seria mais fácil e proveitoso, bem como mais eficiente, trocar determinado produto ou serviço almejado, por uma mercadoria que não se desejasse consumir no momento da troca ou que fosse utilizável no processo produtivo, mas que *fosse aceitável por outros quando surgisse a oportunidade de adquirir algo efetivamente desejado para o consumo próprio, ou demandado no processo produtivo.* Quando esse ato de se recorrer a um terceiro bem apto a satisfazer o interesse dos agentes econômicos na relação de trocas, viabilizou-se a separação dos atos de compra e venda. Surgindo assim a relação obrigacional de contraprestação ínsita a tal ato[77].

A partir deste ponto, a principal questão passou a ser encontrar mercadorias que tivessem maior aceitação, num mecanismo de seleção que envolvia identificar os ativos que efetivamente mais se destacavam no preenchimento das exigências estabelecidas pelo mercado. Buscava-se assim a mais comercializável de todas as mercadorias. Quando a utilização de determinado bem adquiria caráter universal, estava definida a moeda do lugar ou da região[78].

Como já afirmado anteriormente, a origem da função da moeda como meio geral de troca teve origem no comércio exterior. Weber afirma que o tal função começou a manifestar-se a base de presentes mútuos entre chefes estrangeiros, como ocorreu, segundo Weber, no Egito e no antigo Oriente. O Estado de paz entre dois impérios pressupõe contínuos presentes entre seus soberanos. E uma

---

77 SENA, José Julio. Política monetária: idéias, experiências e evolução. Editora FGV. Rio de Janeiro. 2010, p. 22
78 Idem.

troca de caráter comercial entre chefes e tem sua origem no comércio entre soberanos[79].

A interrupção dos presentes significava a guerra. Outra origem da função geral de troca foram as mercadorias exóticas de grande difusão. O comércio típico de linhagem e de tribo tornou suscetível de troca determinadas mercadorias estimadas pelo fato de não serem encontradas no mercado local. Esta moeda estrangeira assumiu a função interior em lugares onde deveriam ser realizados pagamentos mercantis como tarifas ou pedágios: o chefe garantia a segurança dos mercadores, porém haviam de conformar-se com o que os comerciantes lhe pagassem utilizando os meios que trazia consigo. Através deste procedimento penetrou primeiramente a moeda estrangeira no tráfico interno[80].

Weber discorre sobre os diferentes tipos de moeda, dentre as moedas mercadorias, nesta fase de evolução: *i) dinheiro ornamental:* exemplo típico seriam as conchas Cauri da África e territórios do Oceano Índico, até o coração da Ásia. Além delas, se empregam, em proporções distintas, como meios de pagamento e de troca, toda uma série de objetos: contas de vidro, âmbar, coral, presas de marfins, certas classes de cabelos. No começo a moeda ornamental servia comumente para o comércio interior. O fato de que se utilizava em distintas tribos o mesmo meio de pagamento, ele se converteu em meio de troca. *ii) dinheiro utilitário:* foi em princípio moeda para o comércio exterior na generalidade dos casos. Como meio pelo qual se expressa de um modo ou de outro uma obrigação de pagamento, ou a valoração de outros bens, aparecem objetos de uso geral, tais como trigo (em Java), gados, escravos etc., ainda que, na

---

79 WEBER, Max. História económica general. Tradução Manuel Sánchez Sarto. Ed. Fondo de Cultura Económica. México. 2001, p. 208.
80 Idem.

maioria das vezes não são artigos de consumo em grande escala os utilizados para tal objetivo, senão meios de outra índole: tabaco, aguardente, sal, instrumentos de ferro, armas; iii) *dinheiro indumentário*: em princípio pode servir tanto para o comércio interior quanto para o exterior. Como dinheiro indumentário pode-se citar peles, couros, tecidos que são fabricados na localidade; iv) *dinheiro signo:* em circunstâncias que, muito embora não tenham a menor afinidade com o sistema monetário atual, uma vez introduzido o costume social de considerar como uma propriedade de determinados objetos ou coisas e de efetuar, por meio deles, determinados pagamentos, a função monetária se associa a meros signos, que em si, não representam nenhum valor. Assim, na Indochina inglesa, Weber identifica essa característica ao evidenciar que circulavam, a modo de dinheiro, fichas de jogo chinês, na Rússia, também, havia o dinheiro pele, que consistia em peças de pele sem valor de uso; igualmente no meio dia, com meros pedaços de algodão se formavam tiras de tal forma que, ainda carecendo de valor real de troca, podiam ser empregadas como moeda signo[81].

A moeda mercadoria, como meio geral de pagamento e de trocas amplia-se à medida que se amplia a divisão do trabalho. No processo de diferenciação, as comunidades se especializam mais e mais em produzir os bens aptos à troca, com o objetivo de adquirir uma variedade maior de produtos escassos em sua comunidade, produtos esses que eram produzidos acima das necessidades das comunidades produtoras a fim de, também, angariar mais trocas por bens necessários às suas necessidades. A assunção da *moeda signo*, permitiu a realização das trocas indiretas já

---

81 WEBER, Max. História económica general. Tradução Manuel Sánchez Sarto. Ed. Fondo de Cultura Económica. México. 2001, p. 209-210.

que tais moedas não tinham necessariamente valor de uso, senão o valor simbólico de troca dentro de uma grupo de comunidades. Tal valor de troca, muitas vezes era associado a elementos religiosos e culturais que não tinham correspondente com as necessidades reais da comunidade, ou mesmo decorriam da necessidade de adoção de um referencial indireto para a realização das trocas[82].

Em tal período, como o normal era que não havia um só meio de pagamento, circulando vários meios de pagamento ao mesmo tempo, resultou necessário estabelecer entre eles uma equivalência. Adotado tal objeto, se fixa entre eles uma escala de valores, não fazendo que um deles se equipare a várias unidades de outro ou outros, senão em forma tal que vários objetos de uma classe, junto com vários objetos de outra ou outras classes, constituam uma unidade de pagamento. Desta forma, por exemplo, em Java, a unidade de pagamento se fixava à base de uma pedra de um valor determinado e vinte conchas de pérolas.

Também em relação aos índios do Missouri, conta-se que o preço de compra de uma mulher importava em: duas facas, um calção, uma manta, um fuzil, um cavalo, e uma tenda de couro, significando que uma mulher equivalia a um equipamento completo de guerra de um guerreiro índio e sua tribo a vendia em troca disso. Disso resulta evidente que a base de valorações escalonadas não estavam vinculadas ou restritas a qualidades econômicas, senão ao valor de uso dos bens, à importância social que a tradição lhes atribuía e, por último, a necessidade de contar em números redondos de fácil manejo[83].

---

82 WEBER, Max. História económica general. Tradução Manuel Sánchez Sarto. Ed. Fondo de Cultura Económica. México. 2001, p. 209-210; BOURDIEU, Pierre. A economia das trocas simbólicas. Editora Perspectiva. São Paulo. 2007, p. 15.
83 WEBER, Max. História económica general. Tradução Manuel Sánchez Sarto. Ed.

As valorações dos bens eram muito mais estabelecidas pela tradição do que por sua utilidade econômica. Desta sorte, a valoração em um determinado tipo de dinheiro não implica que a prestação tenha de se dar sempre na mesma classe de moeda, mas que represente somente uma valoração global pela qual se deve medir-se a prestação da obrigação. Esta se determina em último caso, pela capacidade de prestação do devedor de acordo com sua com suas possibilidades e não segundo uma tarifa, que ao invés representa prestações de acordo com critérios tradicionais[84].

É a partir de tais premissas que é possível compreender a introdução paulatina dos metais nobres como base normal da organização monetária, assumindo o caráter de meio de troca e de pagamento no lugar dos mais diversos bens. A técnica foi a principal razão que lhes introduziu como moeda. Os metais preciosos são de difícil oxidação, o que lhes garante uma inalterabilidade maior que outros bens, isto é, mantém suas qualidades inalteradas por muito mais tempo. Além disso, em razão de sua relativa raridade gozam de uma valoração específica elevada em comparação com os objetos de adorno. Em último, possuem facilidade de manuseio e de separação ou divisão. O fato decisivo para a sua utilização irrestrita foi a utilização da balança e, consequentemente, a sua utilização para pesá-los. A réplica mais antiga da utilização dos metais preciosos foi sem dúvida o trigo, pelas mesmas características, com exceção, é claro, da durabilidade. Logo os metais preciosos se tornaram também bens de consumo, porém, acima de tudo, como meios de pagamento, incluídos antes mesmo de se tornarem meios de troca. Em forma de dinheiro a moeda de metal aprece pela primeira vez

---

Fondo de Cultura Económica. México. 2001, p. 210.
84 Idem.

no Sec. VII A.C. Precursor da moeda de metal foi o lingote de metal nobre que os comerciantes forneciam com um selo onde se apresenta pela primeira vez o comércio na Índia. Inicialmente a moeda seguia diretamente vinculada ao comércio e era cunhada pelos interessados em produzi-la para seus negócios. Somente posteriormente o Poder Público se interessa em cunhá-la e assumir o controle de emissão[85].

O monopólio de emissão de moeda por parte do Estado decorreu em grande medida por conta da diversidade de moedas circulantes e da impossibilidade fática de conversão de valores delas ante a total insegurança em relação à quantidade de metal precioso utilizado na cunhagem da moeda. Isso porque ao se adotar um padrão metálico como moeda, há que se definir a proporção deste metal na composição da moeda. Sobre tal ponto é importante destacar o conceito de *padrão metálico* por um lado, como a aceitação de determinadas moedas como meio de pagamento que são aceitas ilimitadamente (padrão monetário), e até um importe máximo determinado (moeda divisionária), e por outro, em relação com o exposto, o princípio da livre cunhagem de padrões monetários, em virtude do qual toda pessoa tem, em qualquer momento, o direito de cunhar moeda, por seu valor, com autorização de deduzir o custo mínimo de cunhagem e efetuar pagamentos sem limitação de quantidade.

O padrão monetário pode ser monometalista ou bimetalista. O último caso se define como o fato de que os vários metais guardam entre si uma proporção fixa determinada pela lei, ou, na segunda possibilidade, e que foi mais frequente em épocas passadas, é o padrão paralelo, onde existia liberdade plena de cunhagem, se relação fixa entre os

---

[85] WEBER, Max. História económica general. Tradução Manuel Sánchez Sarto. Ed. Fondo de Cultura Económica. México. 2001, p. 213.

distintos metais ou com uma equivalência periódica para relações entre valores de graus distintos[86].

Diante da liberdade plena de cunhagem de moedas com a possibilidade de dedução do custo de cunhagem, provocou-se um descontrole na circulação monetária dado que, diante do padrão paralelo e da liberdade de cunhagem, não havia nenhuma garantia de que o valor real da moeda posta em circulação correspondia ao seu valor nominal. Em diversos lugares os sistemas monetários calcaram-se em vários metais simultaneamente. Tal situação decorria do fato de que um único metal não conseguia suprir a demanda por moeda. O ouro sempre foi valioso demais para viabilizar a produção de moedas destinadas a transações de baixa representação econômica. A prata não supria as necessidades de transações de alto valor, pois qualquer transação elevada exigiria grande volume do metal. Diante da tal circunstância, houve momentos em que moedas cunhadas em ouro se destinavam para a aristocracia e a prata se destinava-se ao homem comum[87].

Há também que se considerar o papel dos ourives no processo de complexificação do sistema monetário. Diante da sua capacidade de cunharem moeda, muitos que lhes solicitavam os serviços confiavam a guarda destas a eles que, em contrapartida, emitiam certificados e recibos que eram utilizados pelos proprietários das moedas em transações comerciais. O modo de operação dos ourives constitui a base do sistema bancário moderno e possibilitou o surgimento, inicialmente, das letras de câmbio, que asseguravam o pagamento de transações em lugares

---

86   Idem, p. 215.
87   SENA, José Julio. Política monetária: idéias, experiências e evolução. Editora FGV. Rio de Janeiro. 2010, p. 24.

longínquos, e do papel moeda que tinha como lastro os metais preciosos[88].

De início as notas e depósitos eram conversíveis em metal. Somente depois surgiria o sistema inconversível, onde o papel moeda deixaria de ter relação com determinado metal ou qualquer outra mercadoria. Nesse caso tudo passou a depender do grau de aceitação da moeda e de ela ter ou não curso legal. Contudo, como se pode ver, ambos dependeriam do papel assumido pelo Estado, no monopólio de cunhagem da moeda e posteriormente como garantidor de que o papel moeda em curso realmente tem valor de troca (aceitação) e é um meio geral de pagamento (curso legal)[89].

2.3 – Conceito de moeda

A moeda enquanto *unidade de conta, reserva de valor* e *meio legal de trocas*, surge com o fortalecimento do comércio e em especial com o comércio internacional, onde exigiu-se, para a perfectibilização dos negócios, a criação de um instrumento que permitisse a representação do valor de troca do bem, independente de sua presença física no ato de troca. Com o aumento das transações com utilização dessa unidade de representação do valor de troca do bem, o valor de troca se desvinculou do próprio bem, vindo a ser expressão da própria moeda. As relações de valor de troca do bem se desprendem destes para se tornar uma relação autônoma, entre os bens e a moeda.

---

88 Idem, 25.
89 SENA, José Julio. Política monetária: idéias, experiências e evolução. Editora FGV. Rio de Janeiro. 2010, p. 25; ORESME, Nicole. Pequeno tratado da primeira invenção das moedas (1355) Nicole Oresme; tradução de Marzia Terenzi Vicentini. Sobre a moeda (1526) / Nicolau Copérnico; tradução de Alessandro Henrique Poersch Rolim de Moura. - Curitiba. Segesta, 2004, p. 43.

A partir do momento em que a moeda se torna um bem em si mesmo, ao assumir a função de meio legal de trocas, substituindo os próprios bens nestas relações e desvinculando-as da *dupla coincidência de interesses* que antes eram necessárias para que houvesse a troca e circulação de bens, ela se torna o que hoje se entende como moeda. A assunção da função de troca, expressa inicialmente na "troca natural", que envolve a reciprocidade entre interesses sobre os bens tradicionados. Esta é *dupla coincidência de interesses*. Tal dupla coincidência de interesses constitui uma relação econômica e, já no início, também como relação jurídica manifestada no "contrato". Contudo, nem sempre havia essa coincidência de mútuas necessidades dos bens possuídos pelos parceiros de troca. Um outro "bem", de aceitação mais ampla e geral, capaz de satisfazer as necessidades de um número maior de pessoas, passa a ser "intermediário de troca"[90]. O elemento ou função de troca da moeda tem como pressuposto básico a confiança de que aquela moeda corresponde ao valor que será aceito pelos agentes econômicos. Neste ponto há contornos interessantes entre o papel da moeda como elemento necessário para a realização de trocas e o "crédito", que tem como substrato básico o elemento "confiança" ou "fidúcia" apto a ensejar tais relações creditícias. Tal relação se deu, em principal, quando da adoção do *papel moeda* e o abandono da figura da *moeda conversível*. Contudo tal tema será tratado mais a fundo em capítulo próprio.

---

[90] SOUZA, Washigton Peluso Albino. Primeiras linhas de direito econômico. 3ª edição. Editora Ltr. São Paulo. 1994, p. 393. ORESME, Nicole. Pequeno tratado da primeira invenção das moedas (1355) Nicole Oresme; tradução de Marzia Terenzi Vicentini. Sobre a moeda (1526) / Nicolau Copérnico; tradução de Alessandro Henrique Poersch Rolim de Moura. - Curitiba. Segesta, 2004, p. 35.

Quanto à *unidade de conta*, função decorrente do uso da moeda como padrão de medida que é usado nas relações econômicas para definir o "preço" e registrar débitos e mesmo créditos, já ocorre em momento posterior a utilização da mesma como meio de troca. Isso porque, para que ela seja considerada como padrão de medida de "valor", este precisa ser desvinculado das relações diretas que existiam entre os bens intercambiáveis originalmente e assumir a moeda como expressão de sua essência. A economia monetária, como bem assevera Weber, só se tornou possível com a separação pessoal e temporal dos momentos da troca ao liberar da necessidade de correspondência entre as coisas trocadas, permitindo que se aumentem as "probabilidades do mercado".

Assim, as atividades econômicas se emancipam da situação de momento (conjuntura atual) e passam a poder especular sobre as posições futuras do mercado, no qual se logra, estimando em dinheiro (mediante o oportuno cálculo), tanto as probabilidades de venda quanto e compra. Para Weber, essa qualidade da moeda, de poder, através de uma contabilidade, dispor de um denominador comum ou parâmetro contábil ao qual se pode referir todos os bens, se reveste de maior importância. É através desta característica que se obtém uma premissa para a *racionalidade calculatória* da atividade econômica. Só assim existe uma contabilidade[91]. Com esta, as noções de débito e crédito se tornam também possíveis.

A função ou atributo de *reserva de valor* permite que os agentes econômicos transfiram poder de compra do momento atual para o futuro. Como já dito acima, a

---

91 WEBER, Max. História económica general. Tradução Manuel Sánchez Sarto. Ed. Fondo de Cultura Económica. México. 2001, p. 7. KEYNES, John Maynard. A treatise on money: in two volumes. Martino Publishing. New York. 2011, p. 3, 4.

possibilidade de estimar sobre as posições futuras do mercado e com isso determinar as probabilidades de compra e venda de bens em uma situação de maior vantagem para os referidos agentes, decorre tanto da unidade de conta quanto da possibilidade da moeda ser reserva de valor. É também com tal atributo que se reforça a noção de riqueza com base na acumulação de capital.

Como expõe Weber, neste ponto a moeda não implica apenas em um meio geral de troca, senão simplesmente um objeto de propriedade permanente. Quem o possui, o faz apenas por razões de prestígio e para alimentar a sua vaidade social. Para ter essa característica a moeda tem de ter duas qualidades que hoje possui: a sua facilidade de transporte, ou seja, a mobilidade, e a capacidade de conservação. Por isso, no passado, em determinado momento passaram a ser usadas conchas, pedras de determinadas classes e depois ouro, prata, cobre, metais de todas as classes, servindo esses como meio de entesouramento[92].

2.4 – A questão convencional

Conforme os vários exemplos dados acima, o que se depreende é que em nenhuma sociedade, seja ela moderna ou mesmo antiga, não funciona sem um meio de troca comum. O que a experiência tem mostrado é que a existência de um meio comum baseia-se em *convenção*. Este é o aspecto relevante que ressalta dos exemplos históricos acima. Quando se pensa nos sistemas monetários modernos, de natureza fiduciária, isso fica mais evidente. Ao se observar um papel onde se lê "100 unidades monetárias", é aceito como

---

92 WEBER, Max. História económica general. Tradução Manuel Sánchez Sarto. Ed. Fondo de Cultura Económica. México. 2001, p. 208.

correspondente um poder de compra 10 vezes superior ao de um cédula de 10 unidades monetárias. Esse aspecto convencional encontra-se presente em todo o regime monetário.

Poder-se-ia objetar que isso evidencia a fragilidade do próprio sistema, contudo, ao menos a partir de uma observação histórica como a feita acima, é possível identificar que a questão da convenção sobre valores decorre da própria característica da realidade humana eminentemente sociocultural. Valores sociais são reafirmados por meio da tradição e aceitos como fundamento da própria condição humana.

Diante disso, o aspecto convencional das moedas na sociedade decorre muito mais de um elemento social do que simplesmente de um acordo entre pessoas sobre o que entendem ser valioso. Assim, em qualquer sociedade, a moeda e as convenções que lhe dizem respeito são coisas valiosas. Tanto é assim que, mesmo em situações adversas, costuma-se ter certa relutância em rejeitá-las.

Para que a referida aceitação geral seja empreendida, faz-se necessário, como premissa central, a confiança de que aquele bem cumpre a função de meio geral de pagamento e de trocas. Em outras palavras, os agentes econômicos precisam confiar que o bem adotado como moeda seja apto a liberar o devedor da sua obrigação de prestação. Em modelos de moedas conversíveis, a confiança ou fidúcia na capacidade liberatória da moeda decorria da sua conversibilidade no bem referenciado que possuía valor intrínseco de liberação da obrigação. Assim, no padrão ouro, que prevaleceu nos modelos conversíveis até o início da década de 70 com o regime de Bretton Woods, a confiança de que o papel-moeda possuía a capacidade liberatória decorria de sua conversibilidade ao ouro que tem valor intrínseco[93].

Após a superação do regime de Bretton Woods, adota-se o modelo inconversível e de papel-moeda, ou seja, adota-se a moeda fiduciária onde a confiança na capacidade liberatória da moeda não decorre mais de sua referência ou conversão em um bem que tem valor intrínseco apto a prestar a obrigação, mas, sim, da garantia dada por uma autoridade central de que aquele papel-moeda tem capacidade de liberar o devedor da prestação da obrigação, nos limites do seu valor de face[94].

Diretamente relacionado à ideia de convenção, a noção de confiança ou fidúcia, que imprime ao sistema monetário seu elemento substancial, adquire expressiva consideração. Herdeira das transações realizada com base nas letras de câmbio ou debêntures, a moeda fiduciária adquire as mesmas características daquela, havendo, para a implementação da transação econômica, a necessidade de um agente fiduciário ou sacado que de certa forma garante a realização da transação liberando o devedor da prestação por meio da mera apresentação da cártula. O papel do Estado, ao assumir o monopólio sobre a emissão de moeda, inicialmente com a cunhagem de moedas no modelo de moedas conversíveis e, posteriormente, na emissão de moeda fiduciárias, se caracteriza como agente garantidor da veracidade da realização da transação econômica.

Isto é, ao realizar uma compra (contrato de compra e venda) perfectibilizada pela tradição do bem a ser adquirido e com a contrapartida do valor monetário deste bem, a certeza ou confiança dos agentes econômicos, tanto do comprador, quanto do vendedor, decorre do papel do Estado

---

93 SENA, José Julio. Política monetária: idéias, experiências e evolução. Editora FGV. Rio de Janeiro. 2010.
94 SENA, José Julio. Política monetária: idéias, experiências e evolução. Editora FGV. Rio de Janeiro. 2010.

como garantidor e certificador de que aquele papel moeda efetivamente vale como meio de troca e de pagamento correspondente ao bem adquirido.

Quando da vigência do padrão metálico, ainda sem monopólio de emissão de moeda por parte do Estado, ante a diversidade de moedas e por força da adoção do padrão paralelo, onde não havia uma proporção fixa entre os metais utilizados na cunhagem, a insegurança quanto ao valor real da moeda que era utilizada nas transações era imensa. O descontrole por parte das proporções de metal utilizados na cunhagem associado à liberdade plena de cunhagem, não permitia que houvesse uma previsibilidade nas transações comerciais.

Muito embora o monopólio da emissão de moeda por parte do Estado não tenha decorrido tanto da necessidade de adoção de um padrão monetário uniforme quanto do desejo de monopolizar o meio de pagamento e de trocas a fim de garantir o poder econômico do titular do poder político, ainda assim, tal monopólio permitiu a ampliação do comércio interno e externo a dimensões até então não atingidas com o modelo de múltiplas moedas. Isso em decorrência, principalmente, do caráter de confiança em relação à veracidade da moeda e, consequentemente, ao seu valor bem como a sua aceitação como meio de pagamento e de trocas. Confiança esta decorrente do monopólio sobre a emissão da moeda por parte do Estado[95].

É desta forma que a questão convencional ganha relevo como condição necessária e suficiente para o

---

95   ORESME, Nicole. Pequeno tratado da primeira invenção das moedas (1355) Nicole Oresme; tradução de Marzia Terenzi Vicentini. Sobre a moeda (1526) / COPÉRNICO, Nicolau; tradução de Alessandro Henrique Poersch Rolim de Moura. - Curitiba. Segesta, 2004, p. 44 e 103; WEBER, Max. História económica general. Tradução Manuel Sánchez Sarto. Ed. Fondo de Cultura Económica. México. 2001, p. 219, 228-229.

fenômeno da circulação e amplia suas possibilidades, na medida em que o Estado assume o papel de emissor da moeda.

2.5 – Estatuto jurídico-econômico da moeda

> *"Todas as coisas permutadas têm que ser de alguma forma comensuráveis. Foi para atender a essa exigência que os seres humanos introduziram o dinheiro; de uma certa forma o dinheiro constitui um termo médio, já que ele é uma medida de todas as coisas e, assim, do valor superior ou inferior destas"*[96].

A moeda tem como característica o poder liberatório, isto é, a capacidade de liberar alguém, através de sua entrega ao credor ou de quem lhe represente, da obrigação preexistente. Tal característica permite à moeda, no contexto das relações de crédito, assegurar as transações, dando previsibilidade em relação ao valor da prestação e garantindo a confiança necessária ao tráfico comercial. Ou seja, as relações de troca não mais necessitam da coincidência de interesses entre os bens transacionados, a moeda destaca das relações de troca justamente o elemento valorativo da tradição, assumindo ela tal natureza.

Assim, ao isolar na esfera do econômico as relações de trocas e, por força de sua instituição, como um elemento de cunho eminentemente jurídico, ante a exigência de curso forçado, bem como de unidade de conta, que decorrem de fixação legal, a moeda assegura juridicamente as

---

[96] ARISTÓTELES. Ética a Nicômaco. Trad. Edson Bini. 3ª edição. Editora EDIPRO. Bauru. 2009, p. 158.

relações de crédito, garantindo a segurança jurídica nas transações comerciais em geral.

A moeda, neste sentido, é expressão da soberania. Inobstante a corrente libertária da economia, representada por Hayek[97], defenda a privatização da moeda e a possibilidade de instituições privadas emitirem seus próprios meios de pagamento e troca, o fato é que juridicamente a moeda é expressão da soberania estatal. Tal constatação decorre do fato de que, para que qualquer bem adquira a qualidade de meio geral de troca ou unidade de conta e meio de pagamento, isto é, que exprima o valor econômico em si mesmo, seja ele como valor intrínseco do próprio bem ou mesmo que decorra de uma convenção, faz-se necessário que alguém atribua a esse bem um valor, mesmo que simbólico, e quem pode fazê-lo é quem possui poder de coerção[98].

Para a compreensão do elemento coercitivo faz-se necessário que a moeda seja reconhecida como um valor em si, além de meio de troca, pagamento e unidade de conta. Para tanto, faz-se necessário um breve exame do que seja ato e fato econômico e ato e fato jurídico de conteúdo econômico.

Ato econômico é a expressão da ação do sujeito econômico, podendo ser definido como toda ação que tenha por objetivo satisfazer as necessidades do sujeito, proporcionando-lhe a maior satisfação com o mínimo de sacrifício, segundo princípios hedonistas, ou mesmo toda

---

97 HAYEK, Friedrich A. Desestatização do Dinheiro. 2ª edição. São Paulo: Instituto Ludwig von Mises. Brasil, 2011.
98 ORESME, Nicole. Pequeno tratado da primeira invenção das moedas (1355) Nicole Oresme; tradução de Marzia Terenzi Vicentini. Sobre a moeda (1526) / COPÉRNICO, Nicolau; tradução de Alessandro Henrique Poersch Rolim de Moura. - Curitiba. Segesta, 2004, p. 103; CAMARGO, Ricardo Antônio Lucas. Curso Elementar de Direito econômico. Porto Alegre: Ed Nuria Fabris, 2014, p. 290-306; Economia Política para o curso de direito. ed. Sérgio Antonio Fabris. Porto Alegre. 2012, p. 98-106.

ação que tenha por fim a satisfação das necessidades do sujeito, dentro de uma linha de maior vantagem, que explica a formação do juízo de valor econômico. Pode ser relacionado com a atividade econômica que, em um sentido mais amplo, engloba os atos econômicos[99].

A atividade econômica se caracteriza como toda atividade que orientada a procurar "utilidades" (bens ou serviços) desejáveis ou a possibilidade de disposição sobre as mesmas[100]. O fato econômico, como um dado da realidade, se impõe ao sujeito, apresentando-se como condições extrínsecas à vontade do sujeito, mas que surgem da manifestação desta vontade[101]. Um fato da natureza, completamente extrínseco à vontade humana, como uma seca em determinada região, pode ter consequências econômicas, contudo, não é um fato econômico[102]. Fato econômico está relacionado às necessidades humanas, isto é, fato econômico é todo fato que de alguma forma vai repercutir na satisfação das necessidades[103].

Todo fato econômico se insere no gênero fato social, acontecimento que se vincula inexoravelmente às relações entre os seres humanos no seio de uma coletividade,

---

99 FUNDAÇÃO Brasileira De Direito Econômico. Novo dicionário de direito econômico. Coord. Floriano de Lima Nascimento e Giovani Clarck. Org: Ricardo Antônio Lucas Camargo. Editora Sérgio Antônio Fabris. Edição 2010, p. 58, SOUZA, Washigton Peluso Albino. Do econômico nas constituições vigentes. Vols. 1 e 2. Editora Revista Brasileira de Estudos Políticos. Rio de Janeiro. 1961, p. 46.
100 WEBER, Max. História económica general. Tradução Manuel Sánchez Sarto. Ed. Fondo de Cultura Económica. México. 2001, pg.3.
101 SOUZA, Washigton Peluso Albino. Do econômico nas constituições vigentes. Vols. 1 e 2. Editora Revista Brasileira de Estudos Políticos. Rio de Janeiro. 1961, p. 46.
102 CAMARGO, Ricardo Antônio Lucas. Curso Elementar de Direito econômico. Porto Alegre: Ed Nuria Fabris, 2014, p. 21.
103 CAMARGO, Ricardo Antônio Lucas. Curso Elementar de Direito econômico. Porto Alegre: Ed Nuria Fabris, 2014, p. 21.

dotado de poder de coação. Segundo Durkheim, fato social é toda maneira de agir, pensar e sentir exteriores ao indivíduo e dotados de um poder coercitivo em virtude do qual lhe impõem. Só há fatos sociais onde houver organização definida[104]. Como elementos essenciais para a caracterização do fato social, temos a coercibilidade, exterioridade e generalidade.

Assim, os fatos sociais, em uma dada sociedade, implicam aceitação ampla e irrestrita do conjunto de normas sociais que o constitui, por parte do grupo social diretamente afetado por aquela norma social. Veja-se, por exemplo, a instituição social da família. O fato de que as pessoas exercem papéis sociais no bojo dessa instituição social como de "marido", "mulher", "mãe", "filho", "pai" etc, papéis esses que implicam em aceitação de normas externas e coercitivas e gerais que definem a conduta dos indivíduos envolvidos a desempenhar tais papéis demonstra que as normas sociais são extrínsecas aos atores sociais e determinam de forma coercitiva as suas condutas de uma maneira geral.

Diante disso, ao transportar-se tais conceitos para a dimensão dos fatos econômicos e classificarmos estes, segundo as mais diversas formas dos indivíduos se posicionarem diante da realidade econômica, em "produção", "circulação", "repartição" e "consumo"[105], percebemos que existem normas sociais, que determinam a conduta destes mesmos indivíduos no âmbito destas dimensões do fato econômico. Ao tratarmos da moeda e de seu papel na economia, como meio de troca e pagamento, ela se insere no âmbito da circulação e de bens e serviços. As normas que regem a circulação são, como em qualquer fato social, normas

---

[104] DURKHEIM, Emile. As regras do método sociológico. Trad. Paulo Neves. 3ª Edição. Editora Martins Fontes. São Paulo. 2007, p. 3
[105] CAMARGO, Ricardo Antônio Lucas. Economia Política para o curso de direito. Ed. Sérgio Antonio Fabris. Porto Alegre. 2012, p. 51.

extrínsecas aos indivíduos, coercitivas e gerais e determinam a conduta dos agentes econômicos no âmbito deste fato econômico.

O sistema monetário e a adoção de um meio único de pagamento e de trocas, ou seja, a adoção de uma moeda única, monopolizada a sua emissão pelo poder estatal, decorre de um processo de institucionalização da moeda como um meio circulante, totalmente desvinculado da realidade dos bens a serem transacionados e assumindo um valor próprio em que os demais bens passam a ser contabilizados em critérios de valor econômico. Tal processo de institucionalização, como já visto, se deu em longo processo histórico onde as normas sociais, costumeiras e positivadas, foram sendo internalizadas nas sociedades antigas e, diante da complexificação das relações sociais, adaptada. Contudo, a exigência de coercibilidade e a heteronomia inerente destas normas se manteve e expressam a própria institucionalização da circulação econômica no contexto social. Sombart se utiliza do conceito de *reificação* para tratar do fenômeno que ocorre com os títulos de crédito que passam eles próprios a deter a propriedade do negócio que representam[106].

O ato jurídico, bem como o fato jurídico, são espécies do gênero ato e fato social. Contudo, são elaborados de por definições convencionais, determinados geralmente em lei e impregnados de característica própria do sentido cultural jurídico. Os fatos jurídicos são acontecimentos em virtude dos quais surgem, modificam-se ou extinguem-se relações jurídicas. A relação entre o fato econômico, de abrangência maior e o jurídico, mais restrito, é relevante para a determinação do campo de reflexão do direito econômico.

---

106 SOMBART, Werner. Os judeus e a vida econômica. Tradução Nélio Schneider. 1ª edição. Edtora UNESP. São Paulo. 2014, p. 90- 91.

Contudo, ao se observar em uma dimensão mais ampla, a partir do fato social, é possível compreender que as normas que regulam o fato social se concretizam através de normas jurídicas quando da institucionalização deste fato social. A norma positivada é manifestação da norma social que se dá na institucionalização de certas condutas. Quando tais normas têm como conteúdo fatos econômicos, ou seja, determinações normativas acerca da produção, circulação, repartição e consumo de bens ou serviços, há institucionalização destes.

Essa institucionalização ocorre quando as relações humanas se tornam mais complexas e há internalização das normas de conduta por parte dos indivíduos que compõem uma dada sociedade. Assim, a institucionalização das relações entre uma dada sociedade com outras tem como consequência a formação do Estado[107] e a institucionalização das relações dos indivíduos com a sociedade em que se insere passa também a ser mediatizada pelo Estado.

Hayek considera que o monopólio estatal da emissão de moeda é um engodo dos governos com o intuito de implementar o chamado imposto monetário. Discorda com

---

107 SCHMITT, Carl. O conceito do político/ teoria do partisan. Trad. Geraldo de Carvalho. Editora Del Rey. Belo Horizonte. 2008, p. 28: "A diferenciação entre amigo e inimigo tem uma união ou separação, de uma associação ou desassociação, podendo existir na teoria e na prática, sem que, simultaneamente, tenham que ser empregadas todas aquelas diferenciações morais, estéticas, econômicas ou outras. O inimigo político não precisa ser moralmente mau, não precisa ser esteticamente feio; ele não tem que se apresentar como concorrente econômico e, talvez, pode até mesmo parecer vantajoso fazer negócios com ele. Ele é precisamente o outro, o desconhecido e, para sua essência, basta que ele seja, em um sentido especialmente intenso, em caso extremo, sejam possíveis conflitos com ele, os quais não podem ser decididos nem através de uma normalização geral empreendida antecipadamente, nem através da sentença de um terceiro "não envolvido" e, destarte, "imparcial".

a ideia de que tal processo de institucionalização da moeda necessariamente perpassa pela assunção do Estado da função de sua emissão. Para Hayek, entregar a emissão de moeda ao controle do mercado, como um bem, dentre outros bens que estão no comércio, afastaria, de forma quase que automática, o viés inflacionário que, para ele, decorre do controle estatal sobre o volume de moeda.

Na visão do libertário, o Estado em nada contribui para a constituição da moeda como valor institucionalizado. Para ele a moeda nada mais é que um bem sujeito ao mercado. Não obstante seja um bem, o Estado monopoliza o seu volume no mercado a fim de obter ganhos sobre os agentes econômicos.

Embora a sua visão seja eminentemente economicista, não encontra suporte nem mesmo nas concepções econômicas a respeito do dinheiro.

O monopólio da emissão de moeda pelo Estado decorre desse processo de institucionalização do fato econômico circulação. Assumiu o papel de expressão da soberania ao ser vinculada ao próprio processo de formação do Estado moderno.

3 – O PAPEL DO ESTADO NO MONOPÓLIO DA EMISSÃO DE MOEDA

3.1 – A soberania

A importância do exame da soberania e seu papel na ordem jurídico-econômica se mostra necessária na medida que é mediante o exercício de uma ação coativa que as medidas de política econômica são implementadas. Mas questiona-se, qual a natureza da "soberania"? Seria um valor ou uma norma? E caso seja uma norma seria uma regra ou princípio? Também caso seja uma norma, quais as implicações para a ideia de coatividade inerente às normas jurídicas? Seria apenas um conceito que tem como conteúdo o aspecto coativo estatal? Postas essas questões, mostra-se a necessidade de exame mais aprofundado do que se quer dizer quando se diz "soberania", para que se determinem as suas implicações no âmbito da ordem jurídico-econômica.

Sempre caracterizada como o *supremo poder*, a soberania se apresenta como manifestação fática da vontade suprema, sendo absoluta, isto é, não admitindo no contexto em que se manifesta, outra vontade contraposta e de igual vetor, posto que se assim fosse, não seria *suprema*. Tal vontade suprema, que se sobrepõe e subjuga faticamente as vontades individuais, é atribuída ao Estado, como ente capaz de decidir em última instância sobre qualquer outra forma de poder que se submete a ele. Trata-se de característica histórica e racional que distingue o poder político.

A soberania surge como expressão do Estado Absolutista que expressa, de certa maneira o ordenamento jurídico estatal, não reconhecendo outra fonte normativa que não seja a estatal. Contudo, mesmo a partir desta explanação, não fica claro qual seria a natureza da "soberania". Importante destacar que não se está a procurar uma natureza em um sentido metafísico realista, mas sim, definir o sentido que se dá à soberania no *mundo da vida*[108] em que se insere.

Assim, ao tomar-se a soberania como objeto, ao menos em uma primeira abordagem, é possível reconhecer sua dimensão conceitual como necessária para compreensão do fenômeno no horizonte de compreensão em que se insere.

3.2 – A democracia e a soberania: valores excludentes?

Democracia e soberania, não obstante serem conceitos interdependentes, vivem em certa tensão. A soberania, reconhecida pelos publicistas como um conceito histórico e relativo, já que a Antiguidade a desconheceu em suas formas de organização política, vindo a surgir apenas com advento do Estado moderno. Relativo porque hoje não mais tomado como elemento essencial de configuração e reconhecimento do Estado na Ordem Internacional. Há

---

108 Para o conceito de mundo da vida: HABERMAS, J. Teoria do agir comunicativo. Vol 2: sobre a crítica da razão funcionalista. Tradução: Flávio Beno Siebeneicher. Editora Martins Fontes. 2012, p. 228-229: "*Admitindo-se um nexo interno entre as estruturas do mundo da vida e as estruturas da imagem linguística do mundo – como é de praxe numa tradição que remonta a Humbolt -, a linguagem e a tradição cultural adquirem, de certo modo, uma posição transcendental em relação a tudo o que pode vir a ser componente de uma situação. Entretanto, a linguagem e a cultura não coincidem com os conceitos formais de mundo que são tomados pelos participantes da comunicação para definir sua situação comum, nem se manifestam como algo intramundano. Elas são constitutivas do mundo da vida, porém não configuram os mundos formais a que os participantes da comunicação subordinam componentes da situação, nem são encontráveis como algo no mundo objetivo, social ou subjetivo. Ao realizar o ato de fala, os participantes da comunicação se movem no interior de sua linguagem, porém de tal modo que não conseguem encarar uma exteriorização atual como "algo intersubjetivo" da mesma maneira que eles experimentam um acontecimento como algo objetivo, como eles enfrentam uma expectativa de comportamento como algo normativo ou como vivenciam/atribuem um sentimento e um desejo como algo subjetivo. O medium do entendimento persiste numa peculiar semitranscendência.* p. 231: "*O mundo da vida constitui, pois, de certa forma, o lugar transcendental em que os falantes e ouvintes se encontram; onde podem levantar, uns em relação aos outros, a pretensão de que suas exteriorizações condizem com o mundo objetivo, social ou subjetivo;*

Estados soberanos e Estados não soberanos. Assim, do ponto de vista externo, soberania é apenas qualidade do poder, que a organização estatal poderá ostentar ou não[109].

Quanto ao conceito de democracia, que necessariamente perpassa pelo conceito de soberania, ao cunhar o termo *soberania popular,* apresenta-se como forma de governo onde o poder soberano é exercido diretamente pelo povo e para o povo. Assim, é possível delimitar um campo em que soberania e democracia se relacionem aparentemente sem tensões. Esse campo, no entanto, meramente teórico, ao ser transportado para a realidade histórica se afasta desta vivência pacífica e revela a zona de tensão constante que existe entre o poder soberano e o seu efetivo exercício pelo seu real detentor, o povo.

Ao debruçar-se sobre tal realidade, na qual se tensionam tais conceitos de forma constante, ganha relevo a forma de abordagem do fenômeno (tensão entre soberania e democracia) ao longo da história. Em outras palavras, ao se debruçar sobre o problema, é necessário analisar a forma como este mesmo problema vem sendo tratado ao longo do tempo para que se alcance uma compreensão mais aprofundada da própria relação de tensão entre os conceitos e determinar de modo claro, para as determinações históricas de nosso tempo, em que medida esta tensão implica exclusão de um conceito em relação ao outro bem como em que medida esses mesmos conceitos se encontram interligados e ao sobrevalorizar um não se estaria a também ampliar o horizonte de compreensão do outro.

O que se quer dizer é que a compreensão da tensão existente entre os conceitos de soberania e democracia implica uma questão de fundo: como a ciência

---

[109] BONAVIDES, Paulo. Ciência Política. 18ª edição. Editora Malheiros. São Paulo. 2011, pag. 132.

política tem abordado tal tensão; a partir de quais premissas partiram as diferentes respostas que foram dadas para a relação entre esses conceitos e em que medida hoje, com o advento da tecnologia da informação essas respostas ainda se mostram válidas.

A Ciência Política e Teoria do Estado, principais ramos que abordaram a temática da tensão vivida entre soberania e democracia, ao longo do tempo, partiram de diferentes premissas para compreender o fenômeno. Evidentemente não se quer aqui defender uma falsa "neutralidade científica" aduzindo que a ciência não erra e que caminha progressivamente na direção da verdade. Ingenuidade entender a problemática epistemológica a partir de tal compreensão. Obviamente que a ciência como qualquer ramo do pensamento humano é produto do seu tempo e tem como limitação hermenêutica o sue horizonte de compreensão histórico. Assim, fatores externos ao próprio sistema do conhecimento científico da época podem se apresentar como elementos fundamentais para uma tomada de posição acerca do fenômeno que se quer explicar. Isso ocorreu e ocorre com as chamadas ciências da natureza e não deixaria de ocorrer com as ciências do espírito.

Ser diferente, isto é, negar essa determinação da realidade histórica sobre a construção do arcabouço teórico que servirá de matriz para a compreensão da realidade é entender a ciência como um exercício vazio de construção de fantasmas.

Hermann Heller, assim, aponta:

> "La conexión sistemática por la que la Teoría del Estado, como ciencia, ha de ordenar sus conocimientos no puede, pues, ser la de una concatenación lógica. Su construción que guarden

los hechos concretos com la estructura del Estado. Cuando la Teoría del Estado. Cuando la Teoría del Estado persigue una sistemática abstracta cae, fatalmente, en el error de ordenar arbitrariamente los contenidos reales que encuentra – precisamente por querer articularlos de un modo escrupulosamente lógico – y, con ello, violenta y sacrifica la conexión natural que nace del objeto, en beneficio de un fantasma"[110].

Na Idade Média, a compreensão acerca da organização da sociedade tinha como pano de fundo a ideia central de uma força transcendente que interferia na realidade social determinando os papéis sociais que os indivíduos exerciam. Não há o que se falar em Estado nessa época como se compreende hoje. Contudo, é possível vislumbrar um "poder" que rege a vida dos homens e determina seus mais diversos "destinos". Tal poder é *soberano,* no sentido de que não há poder maior do que ele. É transcendente à medida em que não está sujeito a qualquer determinação da realidade fenomênica.

Como dito acima, o conceito de soberania é histórico e relativo. Neste período a soberania não é compreendida como hoje. Como um poder imanente. Mas sim, como algo que não é determinado pela realidade circundante. Tratava-se da concepção teológica da sociedade.

O conceito de democracia, como governo do povo e pelo povo sequer era pensado em tal época. Em uma concepção teológica de sociedade o que imperava era a dicotomia entre a *Cidade de Deus* (Civitas Dei) e a *Cidade dos Homens.* Deve-se a Santo Agostinho a distinção que

---

[110] HELLER, Hermann. Teoria del estado. Trad LuisTobío. Editora Fondo de cultura economica. Pánuco. 1963, p. 48.

sobrevalorizava a existência em uma vida futura no gozo das bem-aventuranças divinas e virtudes cristãs, na cidade de Deus, o paraíso que viria após o juízo final, em contraposição à Cidade dos Homens, símbolo da perfídia, reino do pecado, onde imperam as virtudes pagãs. O homem nada sabia fazer com perfeição. Herdeiro do pecado de seus pais, tudo que viesse de suas mãos seria fruto de pecado e sujeito à corrupção[111].

Na alta Idade Média, dominada pela filosofia escolástica, a dicotomia entre uma cidade dos homens e a cidade de Deus é suavizada pelo pensamento tomista que buscou harmonizar a filosofia aristotélica com a revelação cristã. É a partir do pensamento tomista, que reascende as reflexões do pensamento de Aristóteles, marcadamente empírico e de viés eminentemente naturalista, que se inicia a guinada em direção a uma abordagem antropológica da sociedade civil superando a dicotomia que até então existia entre mundo dos homens, que deveria ser abandonado, e mundo divino, que deveria ser buscado.

Pode-se dizer que o protótipo da noção de Estado soberano está presente em alguns pensamentos de Tomás de Aquino. Para o Aquinate, como em um corpo humano, com o qual frequentemente é comparada, a cidade está integrada por uma multiplicidade de partes heterogêneas, cada uma das quais tem seu trabalho ou função especial[112]. Dado que uma menor parte é animada por desejos ou paixões que não coincidem com os de outras partes, é essencial que em uma cidade haja uma só autoridade cuja tarefa consista em velar pelo bem do conjunto e manter a ordem e a unidade entre os

---

111 AGOSTINHO, Santo. Cidade de Deus. Vol I, Livros I a VIII, Trad: José Dias Pereira. 2ª edição. Editora Fundação Calouste Gulbenkian. Lisboa. 1996, p. 97, 98.
112 AQUINO, Tomás de. Suma Teológica. Tomo I. qu. 96, a. 3-4 ; qu. 92, a 1, ad 2m, Sobre a monarquia, I, 1, Edições Loyola. São Paulo. 2003.

diversos componentes. Esta é a autoridade política, elemento determinante da cidade e sua *"forma"*, como era chamada por Aristóteles por analogia com a doutrina de matéria e forma como princípios constitutivos dos seres naturais. Uma cidade sem regime é um corpo sem alma. Por conseguinte, se a cidade é natural, a autoridade política indispensável para ela, também é natural, em contraste com a escravidão que, tanto para Tomás de Aquino quanto para a tradição anterior a ele, não está arraigada na natureza do homem enquanto tal, senão na natureza decaída do homem. A autoridade política difere da escravidão porque se constitui em governo de homens livres sobre homens livres e que tem por objetivo o bem de todos os cidadãos, que como homens livres existem para si mesmos. O escravo, em contrapartida, existe para outros e, portanto, não é governado para seu próprio bem senão para o bem de seu dono.

A partir do declínio da filosofia escolástica, derrubada pelo nominalismo ockhaniano, surge uma nova abordagem metodológico-científica que se distancia de uma visão transcendente, marcadamente metafísica, para uma visão imanente, marcadamente antropológica, oriunda da tradição naturalista de matriz aristotélica, principalmente em função da influência que este filósofo imprimiu ao pensamento escolástico. Tal abordagem metodológico-científica, provoca um deslocamento da noção de *poder*, de um ponto equidistante da realidade social, para a própria natureza humana.

Tem-se a partir da daí a noção de Estado, construída na modernidade e que se fundou a partir desse deslocamento do horizonte de compreensão de uma sociedade do *por vir* (cidade de Deus, perfeita, em contraposição a cidade dos homens, pecadora) para uma sociedade do *estar aqui*.

Assim, a visão moderna, embora de cunho eminentemente imanentista em relação ao poder, traz em seu bojo a influência da concepção naturalista da realidade. Essa concepção naturalística do mundo e das coisas imprime um ritmo diverso na abordagem dos fenômenos sociais. Em todos os ramos do pensamento busca-se um fio condutor que una o fenômeno investigado a um conjunto de pressupostos epistemológicos de origem antropológica. Ou seja, na modernidade, os fenômenos sociais tinham sua origem na própria natureza humana. O homem é um animal social, logo, a sociedade é consequência da própria natureza humana. Não se tratava de um fenômeno social mas sim de um fenômeno natural.

Tamanha a força indutora de tal compreensão, que imperou do século XIV ao século XVIII e mesmo pensadores como Immanuel Kant e Hobbes não se afastaram de tais pressupostos.

Sem dúvida, o papel que a tal virada epistemológica exerceu no campo das ciências de um modo geral é inegável, contudo para a compreensão de fenômenos eminentemente sociais como a democracia e a soberania, tal método de abordagem se mostrou ineficiente. Isso porque tais conceitos eram compreendidos a partir de uma perspectiva naturalística. Assim, o conceito de democracia quando não era visto sob um sentido eminentemente aristotélico, que dava uma conotação negativa à democracia, como forma corrompida da politeia, era visto, quando contrastado com a ideia de autoridade política, de origem tomista, como uma forma de anarquia já que, qualquer forma de organização social que concedesse poderes iguais a partes "desiguais" do corpo social seria uma forma de causar desordem onde deveria ter ordem, afetando assim a "saúde" social.

Em breve curso sobre a história do conceito de soberania, há que se falar de seu maior pensador, Jean Bodin (1530-1596). Bodin via na Soberania uma característica essencial do Estado. Ao poder político, que até então era visto ou em sua forma original de puro poder como a capacidade de impor sua vontade sobre os outros ou como um poder divino, Bodin deu a roupagem "legal", distinguindo-o de outras formas de poder a partir da faculdade que a majestade soberana possuía de legislar para os súditos sem consentimento deles. Ela se inseria nesta faculdade de disposição dos instrumentos normativos que possibilitavam a coordenação dos comportamentos dos indivíduos em torno de condutas juridicamente organizadas[113].

A soberania deveria ser independente sob o ponto de vista interno e externo. A independência interna se dava em relação às forças internas e consistia na eficácia da ordem jurídica, mesmo sem acordo dos governados. Em especial sem acordo das diversas classes ou estados sociais. A independência externa se dava ante as forças externas e era expressa no fato de que a faculdade de legislar não deveria encontrar limitações que não fossem impostas a não ser pelos mandamentos divinos e pelo direito natural. Tal definição tinha como consequência a assunção de posicionamento contrário às aspirações seculares do Papa, à ideia da supremacia imperial decorrente da crença medieval da continuidade de um império romano universal e às ambições de poder das classes ou estados sociais[114].

Contudo, havia um problema na teoria da soberania de Bodin. O pensador atribuía o poder soberano a

---

[113] ZIPPELIUS, Reinhold. Teoria do Estado. Tradução Antonio Cabral de Moncada. Edição 2ª. Editora Fundação calouste gulbenkian. Lisboa. 1988, p. 57.
[114] ZIPPELIUS, Reinhold. Teoria do Estado. Tradução Antonio Cabral de Moncada. Edição 2ª. Editora Fundação calouste gulbenkian. Lisboa. 1988, p. 57.

pessoa do governante e não ao ente estatal. Essa ausência de distinção conduzia a concepções muito particulares do Estado: o Monarca e o Estado eram considerados, respectivamente, sujeito e objeto do poder, ou então o governante era identificado com o Estado. Zippelius defende que a teoria de Bodin da soberania carecia de desenvolvimento, no sentido de ser atribuído ao Estado enquanto unidade de poder ou pessoa jurídica este poder soberano e não ao monarca. Tal defesa decorre de um desenvolvimento do próprio conceito de Estado que nos parece não haver na época de Bodin[115].

Cabe a Thomas Hobbes (1588-1679) o trabalho mais relevante sobre o conceito de soberania do século XVII. Muito embora possa ser definido como um "racionalista", Hobbes se posiciona em sua obra "O Leviatã", na prática, como um naturalista. Segundo Hobbes, o conhecimento científico significa conhecimento matemático ou conhecimento geométrico. Contudo, ao definir o que entende por "geometria", em diversos momentos o aplica para referir-se a todas as ciências matemáticas, o estudo do movimento e da força, a física matemática, além do estudo das figuras geométricas. Assim, seu racionalismo pode ser concebido como um naturalismo racionalista, o que não o afasta de uma epistemologia naturalista, em contraposição a uma epistemologia histórico-social[116].

Para Hobbes, o direito da natureza é a implacável liberdade de fazer ou não fazer tudo que se possa para a conservação da própria vida. Um direito a um fim implica também um direito aos meios conducentes a este fim. Dado

---

115 Idem.
116 HOBBES, Thomas. O leviatã, ou, matéria, forma e poder de um Estado eclesiástico e civil. Tradução: Rosina D'Angina. Editora Martin Claret. São Paulo. 2009, p. 68.

que os homens diferem em inteligência e prudência, alguns compreendem as necessidades da própria conservação melhor que outros. Contudo, tal diferença intelectual não é determinante para que uns sejam mais bem-sucedidos que outros. Para assegurar a sua própria conservação, a primeira e mais fundamental Lei da natureza ordena aos homens a buscar a paz e defender-se contra aqueles que não lhes dão paz[117].

Assim, a ideia do contrato social surge como uma necessidade natural onde os homens se vêm obrigados naturalmente a se unirem em uma sociedade civil com o fito de buscar a paz e a segurança contra outros homens que desejem destruí-los. Este contrato social implica em uma "cessão" de direitos individuais dos pactuantes, como a liberdade e a capacidade de se autoproteger através do uso da força, em prol de um ente que aglutinará tais prerrogativas em prol da sociedade civil como um todo. A este ente, que tem como função prover a segurança e a paz dos homens que compõe a sociedade civil, Hobbes chamou de o "soberano", porque detém o poder supremo[118].

Esta "cessão", na verdade implica em uma manifestação de vontade dos pactantes em não estorvar aqueles a quem ele cedeu ou renunciou esse direito, no caso, o soberano. Na verdade, tal princípio é a afirmação do *pacta sun servanda*. Desta forma, toda legislação é na verdade uma autolegislação. Todos os deveres e obrigações para com os demais se originam em acordos. Porém os acordos, os contratos em que uma parte ou ambas prometem comportar-se de algum modo no futuro, depende da confiança. Não há

---

117 Idem.
118 HOBBES, Thomas. O leviatã, ou, matéria, forma e poder de um Estado eclesiástico e civil. Tradução: Rosina D'Angina. Editora Martin Claret. São Paulo. 2009, p. 97, 98.

confiança nem contrato que valha onde não há um razoável temor ao incumprimento de um ou outro lado.

Portanto, não há confiança no estado de natureza onde a liberdade dos indivíduos é plena. Para garantir o cumprimento dos contratos o soberano obriga a todos a cumprirem os pactos. Para isso pode usar de sua força coercitiva para tanto, trazendo segurança para as relações sociais. O soberano deve velar porque o terror e o castigo são forças maiores que o atrativo de qualquer benefício que pudesse se esperar de uma violação a um contrato. Não há apelação a nenhuma força moral para estabelecer as condições de confiança. Como dito, o temor é a paixão que se há de confiar. A justiça está diretamente vinculada a um cálculo inteligente de interesse próprio. Tal é a premissa para que se haja justiça.

O fato de que atue sob coação não o faz menos justo, pois o próprio interesse é a única base da moral. Uma consequência deste tipo de raciocínio é a extensão do conceito de guerra justa. Para Hobbes a República deve estar constituída como pessoa legal por uma multiplicidade de homens, cada um dos quais se compromete ante todos os demais a respeitar a vontade desta pessoa legal, civil ou artificial, como se fosse sua própria vontade. Em termos práticos isso significa que cada súdito deve considerar todas as ações do poder soberano como ações próprias, toda a legislação do soberano como sua autolegislação. De fato, o poder soberano, o poder de representar e ordenar as vontades de todos, pode ser vertido em um homem ou em um conselho. Hobbes foi o primeiro a definir a assembleia como uma "persona"[119].

---

119 HOBBES, Thomas. O leviatã, ou, matéria, forma e poder de um Estado eclesiástico e civil. Tradução: Rosina D'Angina. Editora Martin Claret. São Paulo. 2009, p. 127.

Nesta perspectiva, para Hobbes o poder soberano pode ser exercido tanto por um único homem, o que definiria a forma de governo em uma monarquia, ou por um conselho, o que seria uma aristocracia. Contudo, seria possível, na perspectiva de um contrato social hobbesiano, uma democracia, haja vista que ele admite que o contrato social seria dividido em duas partes: 1) um pacto de cada membro do futuro corpo civil com cada um dos demais para reconhecer como soberano a todo homem ou assembleia de homens em que haja um consenso entre a maioria de seus membros; 2) o voto que determinará quem ou o quê deve ser o soberano. Todos os que não intervenham no contrato permanecem em estado de guerra e, portanto, são inimigos dos demais. Assim, quando da criação do soberano, a maioria pode optar por uma democracia representativa ao definir que os membros do conselho serão substituídos periodicamente[120].

Soberania e democracia caminham juntas no pensamento hobbesiano. A soberania é absoluta em cada República. A meta e o propósito de cada forma de governo é a mesma, a paz e a segurança. O que define a forma de governo é como o poder soberano é exercido de acordo com o que foi contratado no pacto inicial. Contudo o autor coloca em destaque a monarquia como a melhor forma de governo e a democracia a pior forma. Em uma monarquia só pode haver um único Nero, em uma democracia pode haver tantos Neros como oradores capazes de atrair o povo. Dado que quem exerce a autoridade soberana, sendo homens, sempre tenham a máxima preocupação em seus interesses privados, então o interesse público será mais favorecido onde mais diretamente unido com os interesses privados. Isto se dá na

---

[120] HOBBES, Thomas. O leviatã, ou, matéria, forma e poder de um Estado eclesiástico e civil. Tradução: Rosina D'Angina. Editora Martin Claret. São Paulo. 2009, p. 127.

monarquia[121].

Locke (1632-1704) pode ser considerado como um pensador da democracia. Sua doutrina política pode ser enunciada , de forma abreviada da seguinte forma: *"Todo governo está limitado em seus poderes e existe somente por consentimento dos governados".* Tal princípio, que Locke e baseia para fundamentar, a presente afirmação é o princípio da liberdade humana, isto é, que todos os homens nascem livres. A indagação principal em seu Segundo Tratado sobre o Governo Civil é: o que é o poder político? Para respondê-la, há que necessariamente compreender adequadamente o poder político e explicar o verdadeiro alcance e fim original do governo civil[122].

Para explicar tal fenômeno Locke inicia com a definição do poder político: *"Por poder político entendo, pois, o direito de fazer leis, aplicando pena de morte, ou por via de consequência, qualquer pena menos severa, a fim de regulamentar e preservar a propriedade, assim como empregar a força da comunidade na execução destas leis e para a defesa do Estado de depredação de extrangeiros, tudo isso tendo em vista o bem público[123]"*

Contudo, para entendermos essa definição, Locke nos alerta que temos de observar inicialmente o estado em que todos os homens se encontram naturalmente, que é *"um estado de perfeita liberdade"* e *" um estado de igualdade".* A liberdade natural deriva da igualdade natural. A liberdade

---

121 HOBBES, Thomas. O leviatã, ou, matéria, forma e poder de um Estado eclesiástico e civil. Tradução: Rosina D'Angina. Editora Martin Claret. São Paulo. 2009, p. 137.
122 LOCKE, John. Segundo tratado sobre o governo civil. Trad: Magda Lopes e Marisa Lobo da Costa. Editora Vozes. São Paulo. p. 35. in: http://www.xr.pro.br/if/locke-segundo_tratado_sobre_o_governo.pdf, consultado em 14/07/2017.
123 Idem.

natural tem como lei apenas a lei da natureza como regra.

Assim, não há qualquer restrição a liberdade humana neste estado que não seja imposta por uma lei natural. Locke contrapõe a liberdade natural a igualdade natural como elemento que direciona a conduta humana de forma comunal e harmônica, o que o distancia do sentido de estado de natureza hobbesiano onde, segundo Hobbes, é uma luta de todos contra todos. Para Locke, como todos gozam de igual liberdade e independência, isto é, gozam das mesmas faculdades e participam todos de uma comunidade naturalmente constituída pela agregação dos iguais, implica em um estado de paz, que se contrapõe ao estado de guerra, que marca aquilo que Hobbes chama de estado de natureza[124].

Em uma primeira impressão, o estado de natureza de Locke pode parecer um estado pré político, original do homem. Ao se aprofundar sobre este, há que se questionar o que é o estado de natureza? Em que sentido é pacífico? Qual é a lei da natureza que o rege? Ao examiná-lo de forma mais aprofundada, é possível concluir que o estado de natureza não se limita a um estado pré político, original do estado do homem. De fato, quando Locke apresenta pela primeira vez a questão de se o estado de natureza alguma vez existiu, o exemplo que oferece não é de homens pré políticos mas, sim, se refere a homens que de maneira essencial, e em um grau pouco comum são políticos: "muitas vezes surge como poderosa objeção a seguinte pergunta: existem ou alguma vez existiram homens vivendo neste estado de natureza? Com respeito a esta pergunta pode bastar, pelo menos momentaneamente responder que, estando como estão todos os príncipes e regentes de governos independentes de todo o mundo em um estado de natureza, é

---

[124] Idem.

evidente que o mundo nunca faltaram e nunca faltarão homens que vivam neste estado"[125].

O estado de natureza é mais amplo que uma descrição da condição do homem antes do advento da sociedade civil. É uma certa forma de relação humana. Sua existência, quando existe, não tem nada a ver com o grau de experiência política dos homens que estão inseridos naquela experiência. O estado de natureza pode existir em qualquer época da história dos homens que fazem parte daquele momento histórico. Pode existir em qualquer época da humanidade, inclusive no momento histórico presente[126].

A definição de Locke para o estado de natureza é dos homens que vivem conforme a razão, sem um chefe comum sobre a terra com autoridade para ser juiz entre eles, estes se encontram propriamente em estado de natureza[127]. O estado de natureza é mais amplo que uma descrição do homem antes do advento da sociedade civil. Assim, a sociedade civil seria, em sentido oposto, um estado dos homens que vivem juntos, com um chefe em comum sobre um território, com autoridade para ser juiz entre eles[128].

---

[125] LOCKE, John. Segundo tratado sobre o governo civil. Trad: Magda Lopes e Marisa Lobo da Costa. Editora Vozes. São Paulo. p. 36. in: http://www.xr.pro.br/if/locke-segundo_tratado_sobre_o_governo.pdf, consultado em 14/07/2017.

[126] LOCKE, John. Segundo tratado sobre o governo civil. Trad: Magda Lopes e Marisa Lobo da Costa. Editora Vozes. São Paulo. p. 36. in: http://www.xr.pro.br/if/locke-segundo_tratado_sobre_o_governo.pdf, consultado em 14/07/2017.

[127] LOCKE, John. Segundo tratado sobre o governo civil. Trad: Magda Lopes e Marisa Lobo da Costa. Editora Vozes. São Paulo. p. 36. in: http://www.xr.pro.br/if/locke-segundo_tratado_sobre_o_governo.pdf, consultado em 14/07/2017.

[128] LOCKE, John. Segundo tratado sobre o governo civil. Trad: Magda Lopes e Marisa Lobo da Costa. Editora Vozes. São Paulo. p. 36. in: http://www.xr.pro.br/if/locke-segundo_tratado_sobre_o_governo.pdf, consultado em 14/07/2017.

Em contraposição à sociedade civil, que é um estado de paz e harmonia, regido pelo direito, o estado de guerra se caracteriza pelo uso da força sem direito, sem justiça e sem autoridade. O uso da força em autoridade sempre coloca a quem a emprega em estado de guerra. Assim, todo aquele que recorre à força sem direito adentra em um estado de guerra com aqueles contra quem ele a usa[129].

Posto que o estado de guerra se define pelo uso da força sem o direito, a sociedade civil se caracteriza justamente pelo contrário, ou seja, pelo uso da força somente pelo direito. Há aqui a limitação da força pelo direito. Em Locke se vislumbra de forma embrionária, a existência de uma ordem jurídica que limita o uso da força canalizando-a de forma racional[130].

Enquanto Hobbes foi o pensador do poder, isto é, o pensador da soberania, Jean Jacques Rousseau (1712-1778), foi o pensador da democracia do século XVIII. Crítico do iluminismo, Rousseau ataca o cerne do movimento que via no progresso das artes e das ciências o requisito único de progresso da sociedade civil. Para o pensador, as artes e as ciências necessitam, para florescer, de uma atmosfera de luxo e de ócio. Surgem em geral de vícios da alma e, no melhor dos casos, a curiosidade ociosa é sua fonte, e nos mais das vezes procedem do desejo de comodidades supérfluas que só debilitam os homens e satisfazem caprichos. A sociedade dominada pelas artes e ciências está cheia de desigualdade,

---

[129] LOCKE, John. Segundo tratado sobre o governo civil. Trad: Magda Lopes e Marisa Lobo da Costa. Editora Vozes. São Paulo. p. 58. in: http://www.xr.pro.br/if/locke-segundo_tratado_sobre_o_governo.pdf, consultado em 14/07/2017.

[130] LOCKE, John. Segundo tratado sobre o governo civil. Trad: Magda Lopes e Marisa Lobo da Costa. Editora Vozes. São Paulo. p. 39. in: http://www.xr.pro.br/if/locke-segundo_tratado_sobre_o_governo.pdf, consultado em 14/07/2017.

porque os talentos necessários para buscá-las se volvem em fundamentos de distinção entre os homens e, além disso, necessitam de grandes somas de moeda para fomentá-las, assim como trabalhadores que movem os instrumentos inventados por estas artes e ciências. A sociedade se transforma para manter as artes e ciências assim como seus produtos e esta transformação mesma cria uma vida plena de vanglória e de injustiça.

Rousseau é republicano; é republicano porque crê que os homens, por natureza, são livres e iguais. Só uma sociedade civil que é reflexo desta natureza pode ter esperança de fazer felizes os homens. A sociedade civil que deve funcionar como sociedade deve ser uma unidade em que os indivíduos abandonem seus desejos privados em prol do bem de todos. Não é possível conceber a sociedade como um equilíbrio de interesses conflitivos se se quer que os homens sejam livres e não títeres de grupos de interesse no poder. O requisito de uma sociedade civil sã não é a ilustração, senão uma severa educação moral. A pergunta política que ocupa o posto central é: o que é justiça? E esta conduz, forçosamente a outra pergunta: o que é natural? Pois fora dos limites do direito positivo, quando o problema é fundar ou reformar um regime, a única norma pode ser a natureza, e mais especificamente a natureza do homem. Rousseau segue a mesma corrente da ciência moderna em geral, bem como da ciência política de sua época, rechaça a ideia de que o homem é dirigido pela natureza em vista de um fim, o propósito da vida política. Como em Hobbes, considera que a cidade e o Estado são obras puramente humanas, que se originaram da necessidade de autopreservação[131].

No entanto, mesmo considerando que a

---

[131] ROUSSEAU, Jean Jacques. O contrato social. Trad: Antônio da Padua Danesi. 3ª edição. Editora Martins Fontes. São Paulo. 1996, p. 20, 21.

sociedade civil não decorre de uma finalidade natural, presente na essência humana, Rousseau, assim como os pensadores dos séculos XVII e XVIII, não consegue se desvencilhar do paradigma naturalístico. Assim, ao afirmar que a sociedade civil não é natural, propõe que o caminho da reflexão deve se direcionar no sentido de remontar a uma época anterior a sociedade civil para encontrar o homem como é por natureza. Tal investigação, na visão de Rousseau, é necessária para determinar as origens do Estado. Se a sociedade civil não é natural, então é convencional; por conseguinte, se se quer que haja alguma legitimidade nas leis da sociedade civil, suas convenções devem fundar-se naquela primeira natureza. Rousseau busca descrever o homem em seu *estado de natureza*.

  A diferença entre Rousseau e outros pensadores modernos reside no fato de que, muito embora eles considerassem a sociedade civil como uma convenção e buscassem fundamentar o direito político em um direito natural pré-político, nunca lograram alcançar o primitivo estado de natureza. Não foram bastante radicais em seu rechaço a condição natural da sociedade civil. Negaram que o apego a um bem comum na comunidade política seria parte da perfeição humana e trataram de derivar regras da política a partir do indivíduo não dependente de nenhum Estado.

  Contudo, e aí reside a diferença fundamental entre Rousseau e outros autores, ao descreverem esse indivíduo na realidade descrevem o homem que vive na sociedade civil. Foram cripto-teleológicos no sentido de que trataram de interpretar o homem como é naturalmente desde o ponto de vista de seu pleno desenvolvimento na sociedade civil. Porém, se o homem, na realidade, não é um ser político e social, então sua natureza deve ter ser transformada ao ponto em que pudesse viver na sociedade civil. Dado que o homem não é basicamente político e social, o que propõe Rousseau é que devemos despojá-lo de todas as qualidades relacionadas com a vida em comunidade se queremos interpretá-lo como é por sua natureza.

Mesmo questionando as bases da metodologia adotada até então pelos pensadores mais influentes em sua época, Rousseau não conseguiu se desprender do paradigma naturalista. Como os outros, continua buscando uma essência ou natureza que justifique a sociedade. Não obstante criticar algumas premissas do pensamento de Hobbes sobre a o estado de natureza e a sociedade civil e o papel do contrato social, mantem uma visão restrita a elementos naturalísticos, arguindo uma visão ontopositiva para o estado de natureza, em contraposição a visão ontonegativa de Hobbes. Desloca a ontonegatividade do estado de natureza, na teoria hobbesiana, para a sociedade civil e busca naquela, isto é, na natureza humana, elementos ontopositivos que sirvam de critérios para a definição de uma sociedade civil justa e feliz.

Neste contexto, defende a liberdade individual como valor supremo e critica a ideia central do pensamento hobbesiano: a de que a finalidade do Estado soberano é prover a paz e segurança aos membros da sociedade civil. Para Rousseau, uma sociedade civil que viola o direito natural à liberdade individual dos indivíduos sob o argumento de que tal violação é necessária para garantir a segurança e paz da coletividade não se mostra como uma sociedade justa e feliz.

Observar fenômenos sociais sob uma perspectiva metodológico naturalística obscurece as circunstâncias e fatores políticos, culturais e históricos que determinam aquele mesmo fenômeno. Ainda assim, ao longo de boa parte do século XVIII a ciência política, a economia, a sociologia e as ciências jurídicas foram fortemente influenciadas pelo naturalismo.

A partir do século XIX opera-se uma nova guinada na abordagem metodológica dos fenômenos sociais, em especial com relação à compreensão dos conceitos de democracia e soberania. Profundamente associada à ideia de liberdade, a democracia é regime político que, em certa medida, concretiza o ideal de autodeterminação presente na ideia de liberdade individual. Contudo, não é apenas no ideal de liberdade que se funda o conceito de democracia. Como expôs Alexis de Tocqueville, o princípio democrático – a igualdade – funciona como causa primeira, formando e afetando todo aspecto da vida dentro da sociedade[132].

Tocqueville é interessante porque parece se desviar do método adotado pelos seus predecessores que concentraram suas investigações sobre a natureza da sociedade tendo como paradigma o método naturalístico e com enfoque do homem pertencente a "sociedade ideal", sem se importar que este mesmo homem fosse um cidadão de um regime particular. Para o autor, o estudo da ciência política se apoia em uma investigação sobre as condições sociais[133].

---

[132] TOCQUEVILLE, Alexis de. A democracia na América: leis e costumes de certas leis e de certos costumes políticos que foram naturalmente sugeridos aos americanos por seu estado social democrático. Tradução: Eduardo Brandão. 2ª edição. Editora Martins Fontes. São Paulo. 2005, p. 7.

[133] TOCQUEVILLE, Alexis de. A democracia na América: leis e costumes de certas leis e de certos costumes políticos que foram naturalmente sugeridos aos americanos por seu estado social democrático. Tradução: Eduardo Brandão. 2ª edição. Editora Martins Fontes. São Paulo. 2005, p. 8; O presente trecho da introdução da obra referida expressa de forma clara o método comparativista e cunho histórico sociológico adotado por Tocqueville: *"Uma grande revolução democrática se realiza entre nós; todos a vêem, mas nem todos a julgam da mesma maneira. Uns a consideram uma coisa nova e, tomando-a por um acidente, esperam ainda poder detê-la; enquanto outros a julgam irresistível, porque ela lhes parece o fato mais contínuo, mais antigo e mais permanente que se conhece na história.*

Transporto-me por um momento ao que era a França há setecentos anos: encontro-a dividida entre um pequeno número de famílias que possuem a terra e governam os habitantes; o direito de comandar descende então de geração em

Para Tocqueville, o Estado Social pode ser produto de um fato ou de Leis, ou de ambos. Muito frequentemente de ambas as coisas unidas. Uma vez existente o Estado Social, dele se pode derivar, como causa primeira, a maior parte das leis e dos costumes e das ideias que regem a conduta das nações. Não obstante tal constatação, essas mesmas leis, costumes e ideias, de modo inexplicável também o modifica[134].

Tal Estado Social é a causa de que um regime tenha suas próprias características particulares. No entanto, tal fato não equivale a dizer que o estado social explicaria tudo em uma dada sociedade. Os costumes anteriores e os fatores geográficos, entre outros, também desempenham um papel relevante em construir e forjar um regime. Contudo,

---

geração com as heranças; os homens têm um único meio de agir uns sobre os outros, a força; descubro uma só origem para o poder, a propriedade da terra.

Mais eis que o poder político do clero vem se estabelecer e, logo, se ampliar. O clero abre-se a todos, ao pobre e ao rico, ao plebeu e ao senhor; a igualdade começa a penetrar pela igreja no seio do governo, e aquele que vegetara como servo numa eterna escravidão coloca-se como padre no meio dos nobres e muitas vezes vai sentar-se acima dos reis.

Tornando-se a sociedade, com o passar do tempo, mais civilizada e mais estável, as diferentes relações entre os homens se tornam mais complicadas e mais numerosas. A necessidade das leis civis faz-se sentir vivamente. Nascem então os legistas; eles saem do recinto obscuro dos tribunais e do reduto poeirento dos cartórios e vão ocupar um lugar na corte do príncipe, ao lado dos barões feudais cobertos de arminho e de ferro.

Arruínam-se os reis nos grandes empreendimentos; esgotam-se os nobres nas guerras privadas; enriquecem-se os plebeus no comércio. A influência do dinheiro começa a fazer-se sentir sobre os negócios do Estado. O negócio é uma nova fonte que se abre ao poder, e os financistas se tornam um poder político que os demais menosprezam e adulam.

Pouco a pouco, as luzes se disseminam; vê-se despertar o gosto pela literatura e pelas artes; o espírito se torna então um elemento de sucesso; a ciência é um meio de governo, a inteligência uma força social; os letrados chegam aos negócios".

134 TOCQUEVILLE, Alexis de. A democracia na América: leis e costumes de certas leis e de certos costumes políticos que foram naturalmente sugeridos aos americanos por seu estado social democrático. Tradução: Eduardo Brandão. 2ª edição. Editora Martins Fontes. São Paulo. 2005, p. 55.

esses mesmos fatores secundários nunca ocultaram ou frustraram a operação do princípio motor fundamental, qual seja, o estado social[135].

O Estado Social forma opiniões, modifica paixões e sentimentos, determina as metas que se hão de buscar, o tipo de homem que se admira, a linguagem que se emprega e em última instância, o caráter dos homens que reúne. Este Estado Social é o motor dos regimes democráticos e a condição de igualdade. O pensamento de Tocqueville se origina do reconhecimento e aceitação do triunfo inevitável do princípio da igualdade[136].

Tocqueville tem em seu pensamento que o homem está preso a um completo determinismo. Sua obra tem a conotação de advertência ao homem para que aproveitem o possível em seu destino concedido por Deus. Na realidade é uma reflexão serena sobre a marcha providencial da *história*, em que o triunfo inevitável da condição democrática pode desembocar tanto em uma condição de escravatura humana como em outra de liberdade humana[137].

Tocqueville marca a virada de uma abordagem metodológica naturalística para uma abordagem histórico-social na análise da democracia. Contudo, mesmo assim, a abordagem continua a diferenciar os conceitos de soberania e democracia, sendo o primeiro a manifestação do poder estatal e o segundo a expressão da limitação deste poder pelo direito.

O problema de tal concepção reside no fato de que esta doutrina – limitação do poder pelo direito – não estava isenta de perigos, pois, dado que os filósofos políticos modernos não chegaram a identificar direito e força, é

---
135 Idem.
136 Idem.
137 Idem, p. 11.

possível conceber que os partidários da filosofia política clássica, os jusnaturalistas modernos, quando falavam de limites à soberania, "não pretendiam fazer entender verdadeiros limites jurídicos, mas os confins naturais de qualquer força exterior, os postulados de uma visão racional do próprio interesse ou os resultados necessários de uma organização regular do poder estatal"[138]. Se os limites impostos ao soberano não são verdadeiros limites jurídicos, mas uma autolimitação da força mediante a razão, a interpretação da razão poderá muito bem depender unicamente do Príncipe e tornar-se sinônimo da Razão do Estado. A razão, que antes era um fim em si mesmo, converte-se num instrumento do Estado e, na medida em que a Razão do Estado é colocada em primeiro plano, qualquer ideia de um vínculo de direito natural imposto à sua atividade pode desaparecer[139].

A doutrina tem distinguido, dentro da categoria de soberania democrática, os conceitos de *soberania nacional* e *soberania popular*. Quanto a primeira, se entende que o poder soberano pertence à nação de forma essencial. O conceito de nação, que informa o termo soberania nacional, apresenta uma variedade de sentidos a depender da ideologia política adotada, mas há um certo consenso a respeito dos fatores que compõem o conceito como os naturais (território, raça e língua), históricos (tradição, costumes, leis e religiões) e psicológico (consciência nacional). Pode-se definir a nação como composta de uma população viva e militante, dos quadros humanos que fazem a história em curso. Ou seja, uma nação é uma alma, um princípio espiritual. Duas coisas

---

[138] GIERKE, Otton von. Giovanni Althusius e lo sviluppo storico delle teori politiche giusnaturalistiche. Trad. de Antonio Giolitti. Turim. Einaudi Editore. 1974. p. 228
[139] SOLON, Ari Marcelo. Teoria da soberania como problema da norma jurídica e da decisão. Editora Sergio Antônio Fabris Editor. Porto Alegre. 1997, p. 37

que, na verdade, constituem uma só, fazem esta alma, este princípio espiritual. Uma está no passado, outra no presente. Uma é a posse em comum de um rico legado de recordações, a outra é o consentimento atual, o desejo de viver juntos, a vontade de continuar fazendo valer a herança que se recebeu indivisa[140]. O conceito de *soberania nacional*, implementada a partir da Revolução Francesa, tinha como propósito dar ao problema da soberania solução jurídica, política, e social, concebida em termos de participação limitada da vontade popular, que evitasse, de uma parte a continuação do regime monárquico autocrático e de outra parte coibisse os excessos em que se despenharia a autoridade popular, caso lhe fosse conferido o pleno exercício do poder.

A Revolução Francesa, sendo marcadamente uma revolução burguesa, tinha em seus iniciadores instrumentos conscientes de implementação do domínio político e econômico sobre o Estado. Essas forças políticas faziam a revolução em nome do terceiro estado – a ordem burguesa – embora arvorassem a bandeira de um poder que inculcava extrair sua legitimidade do povo. Assim, a nação surge como depositária única e exclusiva da autoridade soberana. Aquela imagem do indivíduo titular de uma fração da soberania, com milhões de soberanos em cada coletividade, cede lugar à concepção de uma pessoa privilegiadamente soberana: a Nação. Povo e Nação formam uma só entidade, personificada, dotada de vontade própria superior às vontades individuais que o compõem[141].

Quanto a soberania popular, manifestamente a mais democrática de ambas, funda-se na teoria do *Contrato*

---

[140] BONAVIDES, Paulo. Ciência Política. 18ª edição. Editora Malheiros. São Paulo. 2011, p. 90-91.
[141] BONAVIDES, Paulo. Ciência Política. 18ª edição. Editora Malheiros. São Paulo. 2011, p. 142-143.

Social de Rosseau, no qual a soberania estatal é apenas a soma das distintas frações de soberania que pertencem como atributo a cada indivíduo, o qual, membro da comunidade estatal e detentor dessa parcela do poder soberano fragmentado, participa ativamente na escolha dos governantes. Tal doutrina se funda na premissa básica de igualdade política dos cidadãos e no sufrágio universal no âmbito do processo democrático[142].

A distinção entre ambas as doutrinas democráticas da soberania se faz sentir sobretudo quanto aos efeitos da faculdade de participação política do eleitorado, em que a soberania nacional se restringe aqueles que a Nação investir na função de escolha dos governantes, enquanto na soberania popular se universaliza a todos os cidadãos com o direito que lhes cabe por ser o indivíduo o portador ou titular de uma parcela da soberania[143]

Uma abordagem histórico-social permite compreender de forma mais específica tanto o fenômeno da democracia quanto da soberania, que hoje, nas democracias contemporâneas, se apresenta sob a forma de soberania popular. Ao se considerar a democracia e a soberania popular como fenômenos históricos que não decorrem de aspectos intrínsecos a "coisa em si", mas sim de diferentes arranjos institucionais que se moldam ao longo do tempo, determinados por fatores diversos como posição geográfica, situação econômica, cultura, linguagem dentre outros, permite-se compreendê-los dentro do contexto histórico-social em que surgem. É possível falar então de diferentes

---

142 ROUSSEAU, Jean Jacques. O contrato social. Trad: Antônio da Padua Danesi. 3ª edição. Editora Martins Fontes. São Paulo. 1996, p. 24; BONAVIDES, Paulo. Ciência Política. 18ª edição. Editora Malheiros. São Paulo. 2011, p. 142-143.
143 ROUSSEAU, Jean Jacques. O contrato social. Trad: Antônio da Padua Danesi. 3ª edição. Editora Martins Fontes. São Paulo. 1996, p. 24; BONAVIDES, Paulo. Ciência Política. 18ª edição. Editora Malheiros. São Paulo. 2011, p. 142-143.

democracias e também de diferentes formas de soberania dependentes de diferentes arranjos institucionais?

    Kelsen opera uma síntese dos conceitos de soberania e ordem jurídica, em que aquela só poderia ser considerada como um atributo do Estado enquanto ordem jurídica suprema. Em outras palavras, a relação entre Estado e Direito só poderia ser compreendida se a considerasse como relação de identidade. Kelsen liquidou o problema de se saber se a soberania seria uma propriedade do Direito ou do Estado: o Estado só é soberano enquanto ordem jurídica. É a partir da abordagem metodológica positivista que Kelsen opera a guinada em questão. Estado e Direito não são investigados mais com os métodos das ciências naturais, orientados para a explicação do real através da lei da causalidade. Em lugar do nexo de causalidade, o conceito central da teoria jurídica é o da norma jurídica, que vincula certas condições (uma ação humana) a determinadas consequências (um ato coativo) em termos de imputação[144].

    A partir dessa premissa, tanto Estado quanto Direito formam um complexo normativo, que serão analisados a partir de uma perspectiva do "dever-ser", isto é, no plano normativo, e não na esfera da realidade natural do "ser". Com isso, toda a gama de categorias da dogmática jurídica será redefinida em termos de categorias puramente normativas. Para Kelsen, os fenômenos externos são inertes, só sendo suscetível de assumirem um significado se dela o homem fizer uso e este uso estiver vinculado a normas válidas em um Estado. O Estado é visto como um sistema de normas que regula em que condições a coação é exercida. Assim, o uso da força ou do poder no âmbito estatal só se explica a partir da adoção de uma ordem jurídica. Como dito

---

144 KELSEN, Hans. Teoria Pura do Direito. 8ª Edição. Ed. WMF Martins Fontes. São Paulo. 2009, p. 33.

anteriormente, o Estado só é soberano enquanto ordem jurídica[145].

Ao operar a síntese entre Estado e Direito e, a partir daí, desenvolver a concepção de que a soberania estatal decorre da ordem jurídica e não de fatores reais de poder, Kelsen permite que se pense, com base em tal premissa, que a soberania é expressão da coatividade inerente ao sistema jurídico e que, qualquer ordem jurídica suprema, ante o seu elemento intrínseco de coatividade, é soberana. Dado que Estados soberanos só o são a partir de uma ordem jurídica que lhes imprime o elemento de coatividade, independente da adoção desta ou daquela forma de governo, tanto regimes totalitários quanto regimes democráticos são, ante ao sistema jurídico constitutivo destes, Estados soberanos. Não há uma relação essencial entre democracia e soberania. Estados são soberanos independentemente do regime de governo adotado.

Contudo, as democracias constitucionais, na visão kelseniana gozam de especial importância na medida que estas permitem uma maior garantia das liberdades individuais face ao poder estatal, quando a competência legislativa estatal é limitada a fim de não lhes ser permitido editar normas que prescrevam ou proíbam aos indivíduos uma conduta de determinada espécie, como a prática da religião, a expressão de opiniões dentre outras.

Para Ferrajoli é possível distinguir quatro dimensões da democracia, de acordo com diferente relevância que se dá a um aspecto constituinte do conceito em relação a outros. O autor divide o conceito de democracia em duas dimensões inicialmente: *formal* e *substancial*. Em sua dimensão formal, democracia é caracterizada pelas normas

---

145 Idem.

formais que disciplinam as formas de produção das decisões. O respeito a essas normas, positivadas usualmente na segunda parte das constituições, são condição necessária e suficiente para assegurar a vigência e a validez formal das leis, contudo, não são aptas a assegurar sua validez substancial, que depende da coerência de seus significados com as normas *substantivas*. Estas últimas, em contrapartida, dizem respeito ao conteúdo, a substância das decisões produzidas. Tal conteúdo, liberal ou social, determina o que Ferrajoli chama de *dimensão substancial* da democracia[146].

Assim, tem-se a *democracia política*, caracterizada pelo aspecto representativo ou diretamente popular das atividades legislativas e de governo, assegurado o sufrágio universal e pelo princípio da maioria. Esta forma política é imprescindível para a democracia em seu aspecto formal. Ainda em seu aspecto formal a *democracia civil*, compreendida como o conjunto de direitos civis que fundamentam a democracia civil. Tais direitos se caracterizam como o conjunto de normas que regulam o poder de autodeterminação das pessoas em suas relações privadas: as decisões sobre os bens que adquirir ou que produzir e as decisões sobre as atividades laborais ou profissionais que desenvolver, os estudos que empreender ou a pessoas com quem vai casar e similares[147].

Importa destacar que há um nexo racional entre direito e democracia. Não obstante o direito positivo não implique, necessariamente, em adoção de um regime democrático, dado que pode perfeitamente ocorrer, ante a separação de direito e justiça, sistemas jurídicos perfeitamente construídos, sob a perspectiva formal, e

---

146 FERRAJOLI, Luigi. Princípia iuris: teoría del derecho y de la democracia. Vol. 2. Teoría de la democracia. Ed. Trota. Madrid. 2007, pg 21.
147 Idem, 23.

totalmente antidemocráticos. Contudo, a implicação inversa não é verdade. Não há democracia sem o direito. Em resumo, é possível a existência de direito sem democracia, mas não há democracia sem direito. Sendo a democracia um conjunto de regras sobre a validade do exercício do poder, isto é, por um lado, as regras que conferem poderes de autodeterminação individual e coletiva, garantindo sua igual titularidade a todos enquanto pessoas e cidadãos, e por outro lado, as regras que impõem limites e vínculos a estes mesmos poderes para impedir sua degeneração em formas despóticas e garantir seu exercício na tutela dos interesses de todos, não há como pensar em democracia como algo que é dado sem ter como pressuposto básico o direito[148].

Diante disso, ao relacionarmos soberania e democracia, há que se considerar que o primeiro trata do poder, seja ele do monarca ou do povo, é pacífico que se está a falar de poder. Quanto ao segundo conceito, se está a falar exatamente em limitação racional ao exercício desse mesmo poder, limitação esta imposta pelo direito. Neste sentido, o conceito de soberania ganha contornos diferenciados quando pensado no âmbito de um regime de democracia constitucional.

Ante o fundamento de uma teoria jurídica da democracia constitucional e especificamente de suas garantias jurídicas ser a teoria de validez das normas, a democracia constitucional é, consequentemente, um sistema *nomodinâmico*, que inclui normas sobre a produção normativa que, graças a sua colocação no vértice da hierarquia das fontes normativas, são idôneas para estabelecer os requisitos essenciais, tanto de forma como de substância, vigência e validade formal e substancial de todas as

---

148 FERRAJOLI, Luigi. Pricípia iuris: teoría del derecho y de la democracia. Vol. 2. teoría de la democracia. Ed. Trota. Madrid. 2007, pg 17.

normas produzidas[149].

Nesta relação de tensão entre poder e direito e limitação daquele por este que se deve entender o que se diz, ao falar em "democratização da soberania", no sentido de limitação da soberania, mesmo a popular, pelo direito. E tal entendimento se dá a partir do estudo e reflexão sobre as normas jurídicas que se apresentam em diferentes dimensões de concretização e realização da democracia constitucional, onde, em última instância, viabilizam, na perspectiva democrática, o próprio exercício da soberania popular, isto é, tal compreensão busca a racionalidade presente no exercício democrático do poder soberano.

Contudo, na era da informação, tais premissas parecem perder sua solidez. Com o advento de tecnologias que permitem acesso amplo a informação em tempo real e a redução ou, certos casos, a supressão das distâncias, associados a uma profunda exacerbação do individualismo, os ideais democráticos têm, cada vez mais, se aproximado de posições anárquico-radicias. As relações se estabelecem mediatizadas pela dimensão virtual, o que permite o acesso a informações amplas, mas mantendo um distanciamento físico da realidade social de onde tais informações emergem. O papel do Estado na era da sociedade da informação tem sido cada vez mais colocado em questão. Os direitos e garantias positivados em normas estatais parecem perder sua eficácia quando se adentra no universo da internet. O exercício da soberania popular, na forma representativa, é constantemente colocado em xeque diante do volume de informações colocado a disposição de qualquer pessoa que tenha acesso a internet. O conceito de soberania, tal como se descortina, parece não dar conta da realidade

---

149 Idem.

contemporânea.

Diante disso, questiona-se se o conceito de soberania não estaria em crise.

3.3 – Há uma crise do conceito de soberania?

Juristas, sociólogos e pensadores políticos que entendem que o conceito de soberania se encontra hoje em declínio. Segundo alguns publicistas, as ideologias pesam mais nas relações entre Estados do que o sentimento nacional de soberania.

Para os defensores de tal posicionamento, as ideologias produzem tamanha solidariedade entre indivíduos de países diferentes que acabam por estreitá-los num vínculo de consciência mais apertado que o laço de nacionalidade. Muitas vezes, indivíduos de Estados distintos atuam com mais compreensão e entendimento, à base de convicções políticas idênticas, do que tangidos por motivos de ordem pátria.

Outro motivo que concorre fortemente para abater o princípio de soberania é a necessidade de criar uma ordem internacional, vindo essa ordem a ter um primado sobre a ordem nacional. Nesta perspectiva, figuram aqui a ideia de direitos humanos internacional, em que, através de instrumentos e instituições de direito internacional, obrigam os Estados signatários dos tratados que criaram tais instituições e se submeteram a tal ordem internacional, adotando suas normas internacionais.

Também, ainda sob uma ótica internacional, figura de forma cada vez mais concreta e coativa a noção de uma *lex mercatoria*, que, como expõe Galgano:

> "*È, in origine, il ius mercatorum o lex mercatoria, ed è tale non solo perché regola l'attività dei*

> *mercatores, che nasce dagli statuti delle corporazioni mercantili, dalla consuetudine mercantile, dalla giurisprudenza della curia dei mercanti. È ius mercatorum, direttamente creato dalla classe mercantile, senza mediazione della società politica, imposto a tutti nel nome di una classe, non già nel nome dell'intera comunità; e ciò quantunque la classe mercantile fosse classe politicamente dirigente, forza di governo della società comunale, che poteva dettare legge – per il tramite delle istituzioni pubbliche, nel segno dell'autorità comunale"*[150]

Um direito construído a partir das relações comerciais e que tem como característica predominante o "particularismo" de sua regulação e que veda a intervenção estatal em razão de eleição de câmaras de arbitragem para solução de controvérsias contratuais aparenta um afastamento da jurisdição estatal limitando a capacidade do Estado para tal intento.

Com a ampliação das relações econômicas e de troca a partir da globalização da economia, o que se mostra é uma crescente ampliação da utilização de ferramentas vinculadas a uma *lex mercatoria* para a regulação e resolução de questões econômicas internacionais, onde, muitas vezes, os próprios Estados, quando atuantes no mercado como agente econômico, também se sujeita a tais regramentos e às consequências de sua adoção.

Diante dessas constatações se põe a questão: é a soberania um conceito em declínio? Não obstante se reconheça que o conceito de soberania tem passado por

---
[150] GALGANO, Francesco. Lex mercatoria. 5ª Edizione. Società editrice il Mulino. Bolonha. 2010, p. 9.

desafios diante da ampliação e complexificação das relações internacionais, tanto no que tange aos direitos humanos quanto às relações econômicas, ao que parece é que o conceito não pode de todo ser abandonado.

Isso porque, ao se entender o conceito de soberania diretamente vinculado a noção de ordem jurídica coativa, percebe-se que o poder de impor a vontade é inerente a própria normatividade o que não permite concluir que o conceito seja desprezível posto que ele fundamenta a própria coatividade de uma ordem internacional, quando os seus defensores afirmam a vinculação estatal a uma agenda de direitos humanos internacional, bem como a própria noção de *lex mercatoria* pressupõe a noção de coatividade para que seja imposta. Não obstante o *ius mercatorum* seja compreendido como uma normatividade de caráter endógino, isto é, produzido pelos próprios entes que estão vinculados ao cumprimento da norma, ainda assim, em caso de incumprimento voluntário, faz-se necessário a coerção do devedor para que cumpra o que foi avençado[151]. Assim, há um elemento de *Imperium* necessário na chamada *lex mercatoria* que não consegue se afastar da noção de um poder que se impõe sobre a vontade individual.

Contudo, não se pode negar que a marcha da história parece conduzir a uma constante limitação do poder estatal. A própria configuração da ordem jurídica estatal sofre influxos constantes de novas demandas sociais que

---

[151] A prova disso seria que, mesmo havendo a formação de um direito costumeiro baseado nas práticas do mercado, e tendo como base a relação contratual fundada em contratos atípicos e sujeita a uma jurisdição arbitral, ainda assim, em caso de descumprimento da decisão do corte arbitral, a execução da decisão esta se dá no âmbito da estrutura jurídica estatal. Ou seja, o *enforcement* característico da estrtura normativa estatal ainda deve prevalecer como garantidor do cumprimento das aobrigações assumidas. Para isso: GALGANO, Francesco. Lex mercatoria. 5ª Edizione. Società editrice il Mulino. Bolonha. 2010, p. 285.

determinam a normatização na direção de uma abertura a temas que compõe a agenda política internacional. Assim, se as forças econômicas internacionais atuam no sentido de flexibilização da legislação interna de proteção social, a tendência é que a ordem jurídica estatal ceda às pressões do capital internacional. Se há pressão no sentido de adoção de novas formas de regulação da circulação de bens e serviços bem como de moeda, ou mesmo de atuação da autoridade monetária estatal no mercado financeiro, a tendência é de que a configuração normativa estatal se molde a tais demandas. Mas, ainda assim, a coatividade inerente a ordem jurídica ainda permanece, mesmo quando a finalidade ou propósito da normatização seja desviada para outros objetivos, diversos dos anteriores. Ou seja, as razões que direcionam a ação política do legislador, mesmo quando se voltam para a sujeição da agenda política determinada pelas forças econômicas, ainda assim, não suprimem o caráter coativo da ordem jurídica.

Assim, ao que nos parece, quando o conceito de soberania é observado a partir da perspectiva da coatividade inerente à ordem jurídica, mesmo quando encartado aos ditames de uma ordem econômica internacional, ainda assim, mantém sua coatividade na ordem social em que se encontra.

3.4 – Conceito de soberania: a soberania como *Dominium* e como *Imperium*

A compreensão do conceito de soberania é eminentemente histórica. Ao se perguntar acerca do significado central do poder estatal no conceito de Estado, há que se revelar, de imediato, na maioria das designações de formas de Estado, a partir das palavras gregas (*Kratos*) ou poder e (*Arché*), força e supremacia: monarquia, aristocracia, oligarquia, oclocracia, plutocracia, democracia. Este poder estatal deve ser entendido como supremacia da autoridade pública. Ela expressa, de forma significativa, o último argumento da força externa. Para Zippelius, a compreensão de um poder estatal como supremacia sobre pessoas, tem relação direta com o desenvolvimento, ao longo do tempo, da visão deste, turvada pela imagem patrimonial do direito de dispor da terra. Descreve tal dicotomia através da distinção entre *Dominium* e *Imperium*, entre o poder sobre as coisas e a autoridade para dar ordens, que nos parece ser uma distição apta a dar conta da compreensão do conceito de soberania nos tempos atuais [152].

3.4.1 – A soberania como *Dominium*

Há dois aspectos relevantes na concepção de Zippelius da origem do conceito de soberania que devem ser observados para a sua compreensão. i) a significação do poder estatal tendo como imagem a relação patrimonial do direito de dispor da terra, bem como sua relação com o *Dominium*, distiguindo-o do *Imperium*, evidencia, inicialmente o aspecto subjetivo do poder supremo como um atributo de um sujeito. Assim, a soberania só é preenchida de significatividade quando posta em relação com o sujeito que detém tal atributo, ou seja, o soberano[153]. Há uma dimensão subjetiva do conceito de soberania que o vincula diretamente uma ideia de autonomia privada, decorrente do arcabouço teórico dogmático de matriz civilista.

---

152 ZIPPELIUS, Reinhold. Teoria do Estado. Tradução Antonio Cabral de Moncada. Edição 2ª. Editora Fundação Calouste Gulbenkian. Lisboa. 1988, p. 54.
153 ZIPPELIUS, Reinhold. Teoria do Estado. Tradução Antonio Cabral de Moncada. Edição 2ª. Editora Fundação Calouste Gulbenkian. Lisboa. 1988, p. 54.

A *summa potestas*, tem como elementos preenchedores de significado, a autonomia privada e a vontade suprema daquele (soberano) que, por força de consentimento mútuo, tem o poder de impor sua vontade de forma absoluta sobre a vontade dos outros (súditos). A soberania é um atributo do soberano. Uma qualidade que o sujeito (soberano) possui; ii) a relação entre o soberano e os súditos é um a relação *dominial*. É o poder sobre as coisas, oponível contra todos os súditos. A relação do soberano com os súditos se dá, nesta perspectiva, a partir da *mediação* da propriedade, direito subjetivo do detentor do poder supremo que não pode sofrer limitações a partir de sua constituição. A relação entre a propriedade dominial do suserano e a propriedade direta (posse) do vassalo bem como a teoria patrimonial preencheu o significado do conceito de soberania até o século XIX.

Foi neste contexto que se empreendeu a concepção de uma dimensão patrimonial como expressão da soberania, ou seja, o soberano expressava seu poder supremo pela propriedade da terra, dos bens imóveis e móveis, dos tesouros e posteriormente, quando a moeda e os seus atributos (meio geral de troca, unidade de conta, e reserva de valor) se desvincula dos bens, assumindo uma realidade própria, esta passa a ser propriedade do soberano. Tal propriedade, ao que parece, tem uma relação direta com a propriedade de tesouros e o uso deste com meio de pagamento pelo soberano. Quando a moeda assume o papel de meio de reserva de valor, produzindo riqueza pelo seu acúmulo, esta passa a ser entendida como propriedade do soberano, seja este o rei ou o Estado[154].

---

154 ORESME, Nicole. Pequeno tratado da primeira invenção das moedas (1355) Nicole Oresme ; tradução de Marzia Terenzi Vicentini. Sobre a moeda (1526) / Nicolau Copérnico ; tradução de Alessandro Henrique Poersch Rolim de Moura.

O conceito de soberania surge somente depois que o Estado, no curso da Idade Média, afirmou sua independência sobre a Igreja e o Império Romano. Este último tinha como objetivo reduzir os Estados particulares a Províncias. Afirmar também sua supremacia sobre os grandes senhores e corporações que se tinham a si mesmos como totalmente independentes em face do Estado. A *supremitas* do Rei, além de ganhar um caráter de poder político incontrastável, também passa a ser um título de propriedade desse poder. Tal caráter proprietário vai se acentuando à medida em que o Rei *reivindica* dos senhores feudais os antigos direitos do Estado, que se haviam enfeudado depois da decomposição do Império romano. O Rei volta a exercer, novamente estes direitos a *título de propriedade*[155].

A propriedade dominial tem, como uma de suas origens, conforme bem aponta Weber, a *dignidade principesca,* quer se trate de chefe de uma estirpe ou de um caudilho guerreiro. Na distribuição da propriedade territorial entre os companheiros corresponde ao príncipe ou *chefe da linhagem.* Desta situação tradicional, deriva, de forma frequente, um poder dominial de apropriação que se faz hereditário[156]. Lajugie, ao tratar da economia dominial

---

- Curitiba. Segesta, 2004, p. 43: *"Determinou-se outrora, com razão, a fim de evitar fraudes, que a ninguém fosse permitido fabricar moeda ou imprimir figura ou imagem no ouro e na prata de sua propriedade; mas, ao contrário, foi ordenado que a moeda e a impressão das inscrições fossem feitas por uma pessoa pública, com delegação de grande parte da comunidade, pois, como foi dito anteriormente, a moeda foi instituída para o bem da comunidade. Assim, tendo em vista que o príncipe da região é a pessoa mais pública e de maior autoridade, é mais conveniente e honroso que ele, mais do que qualquer outro, faça fabricar a moeda para toda a comunidade, e a assine por meio de uma impressão congruente com suas propriedades."*

155 PAUPÉRIO, Machado A. O conceito polêmico de soberania. 2ª edição. Editora Forense. Rio de Janeiro. 1958, p. 42-43.
156 WEBER, Max. História económica general. Tradução Manuel Sánchez Sarto. Ed. Fondo de Cultura Económica. México. 2001, p. 60.

descreve de forma clara a unidade econômica básica, constituída pelo domínio rural que compreende a mansão senhorial e a área circunvizinha. Como exemplo, tem-se a vila carolíngea, que compreende o castelo, a aldeia aglomerada em torno deste, em busca de proteção, e as terras cultivadas na periferia. As relações entre os membros do domínio são institucionais e não contratuais, políticas e não econômicas. O senhor é um chefe, tanto e mais que um proprietário. Tal característica acentua profundamente a divisão das tarefas e dos produtos entre os membros do domínio[157].

O poder senhorial se integra com três distintos elementos: a possessão da terra (domínio senhorial); a possessão de seres humanos (mediante a escravidão); a apropriação de direitos políticos (mediante a usurpação ou a enfeudação), particularmente do poder judicial, sendo este a força mais importante na evolução registrada no ocidente.

O regime dominial, mesmo após a unificação do poder nas mãos do Rei, manteve suas bases nas relações entre soberano e vassalos. Tais marcas podem ser identificadas no regime, em razão de elementos de natureza fiscal presentes na estrutura estatal. Tal estrutura se caracterizava por um sistema de impostos e serviços estatais condicionado a duas possibilidades: i) quando existia uma economia própria centralizada no príncipe, na qual os funcionários não exerciam controle sobre os meios de exploração administrativa, de maneira que nada fora da mão do príncipe detivesse poder político e ii) outras vezes se praticava um regime de apropriação estamental por parte dos funcionários administrativos, quando, inobstante a exploração direta do príncipe, havia outras explorações intermediárias de seus vassalos, arrendatários de tributos ou

---

[157] LAJUGIE, Joseph. Os sistemas econômicos. Tradução: Geraldo Gerson de Souza. 5ª edição. Coleção "saber atual". Editora Difel. São Paulo. 1976, p. 20-21.

funcionários aos quais o senhor havia encomendado a terra, com a condição de que subvencionassem com meios próprios os gastos da administração. Assim, conforme predominasse um ou outro destes sistemas, seria distinta também a forma de constituição política e social do Estado.

Também no aspecto das obrigações do senhor e do camponês se evidencia a característica do regime dominial que implica em uma unidade entre o conceito de soberania e propriedade, como atributos do senhor (soberano). O senhor deve garantir ao camponês ajuda e proteção contra perigos exteriores, o direito de juntar a madeira e de apascentar os animais na reserva, o uso do forno e do moinho senhorial. Quanto ao camponês, é obrigado a fornecer ao senhor um certo número de corvéias ou dias de trabalho, a conservação das sebes e dos fossos, as reparações do solar e das habitações dos empregados e o carreto dos produtos agrícolas. Quanto ao regime proprietário, o vassalo, tem sobre as terras apenas um simples direito de usufruto, sendo o senhor o único proprietário, enquanto o senhor detém a propriedade ou domínio direto da terra, sendo-lhe pagos foros por cada transmissão. Quanto ao regime de pessoas, o servo é hereditariamente ligado à gleba de um senhor, a quem deve certo número de taxas e serviços pessoais (talha e corvéia). Diferentemente do escravo, o servo tem gozo de sua própria pessoa e certos direitos sobre as terras por ele cultivadas. Contudo, não lhe é possível deixar o senhorio a que pertence por nascimento, sem autorização do senhor.

Não obstante o regime dominal tenha como característica um significado largo de soberania, que se pode considerar como sendo soberano qualquer autoridade que decidisse em última instância e inapelavelmente, o que ocorre é que, quando o poder do Rei se trona maior que o senhor, aquele passou a dispor de um poder supremo, isto é, o Rei passou a ser soberano. Foi neste contexto que se desenvolveu a concepção de soberania baseada no caráter pessoal do poder absoluto do senhor (soberano), e tendo como fundamento as relações proprietárias. Jean Bodin (1530-1596), com usa teoria da soberania, expressa esse entendimento. Também, daí decorre a ideia de que o monopólio de emissão de moeda é um corolário das características distintivas da soberania, quais sejam, poder de impor a lei a todos e a cada um em particular, o poder de decretar a guerra ou fazer a paz, o de instituir os principais cargos e o de resolver em última instância, sendo estes, poderes essenciais do soberano[158].

3.4.2 – A soberania como *Imperium*

A compreensão da soberania como *Imperium* advém da desvinculação da noção subjetivista da soberania, que considerava esta como um atributo do Rei, e também de sua desvinculação da ideia de uma relação proprietária. Com o advento da noção de soberania enquanto *Imperium*, a relação de poder soberano se desloca da pessoa (soberano) para o Estado e do regime proriámetário (situação de poder sobre a coisa) para a relação de obrigação (que envolve prestação e sanção em caso de descumprimento). Tal compreensão decorreu do desenvolvimento da teoria contratualista hobbesiana.

Evidente que não houve inovação revolucionária no fato de Hobbes ter deduzido do contrato social a soberania popular. Na Idade Média, o contrato social já havia se tornado

---

[158] BODIN, Jean. Les six livres de la République. Un abrégé du texte de l'édition de Paris de 1583. Édition et présentation de Gérard Mairet. Paris : Librairie générale française, 1993, 607 pp. Le livre de poche, LP17, n° 4619. Classiques de la philosophie. Livro 1, Capítulo X.

uma realidade política e jurídica, da qual resultava, nas situações de confronto, um direito de resistência contra o soberano. É precisamente essa ideia, de união entre o contrato social e a soberania popular, que se torna fecunda no jusracionalismo moderno, no qual o pensamento hobbesiano está inserido. Fecunda, no plano explicativo-etiológico, para uma teoria geral da soberania e, no plano construtivo, para a de negócio jurídico. Em função de uma visão estritamente racionalista, que se centrou na visão do contrato social, a matriz epistemológica que guiou a reflexão de Hobbes, no que tange à soberania, estiveram diretamente vinculadas à noção de contrato social. Assim, para fundamentar a soberania histórica e a criação do direito pelo soberano necessita-se, antes da admissão de um segundo pacto, o pacto de submissão a quem rege[159].

Como a teoria do contrato social centra suas reflexões acerca do pacto de submissão, pelo qual a sociedade abandona imediatamente os seus direitos naturais a favor do soberano, de tal modo que como resultado só resta um estado de natureza desprovido de direito e um direito positivo absoluto, a teoria hobbesiana de soberania se adequa à noção de *Imperium*, em que através de um contrato, que implica assunção de obrigações, sob pena de sanção, transfere para um ente, no caso o Estado, o poder de impor-lhes obrigações.

Aqui se insere um aspecto importante a ser observado na teoria da soberania. O elemento jurídico surge como forma de constituição do poder estatal. Tal elemento é evidenciado sobretudo no que diz respeito a noção de contrato social. O contrato, como meio jurídico de assunção de obrigações e criação de direitos, tendo como base, a

---

159 WIEACKER, Franz. História do direito privado moderno. Tradução de A.M. Botelho Hespanha. 4ª edição. Fundação Calouste Gulbenkian. Lisboa. 2010, p. 302.

submissão às normas existentes no contrato, evidencia a inserção da técnica jurídica como técnica estatal de poder e consequentemente como o Estado como unidade existencial de poder, isto é, o Estado como unidade de ordenação[160]. Assim, como assenta Herman Heller, o Estado enquanto tal, é que se atribui a soberania. Sendo esta consistente na capacidade, tanto jurídica como real, de decidir de maneira definitiva e eficaz em todo conflito que altere a unidade de cooperação social-territorial, e caso necessário incluindo-se o direito positivo[161].

O conceito de soberania fundado na concepção de soberania enquanto ordem jurídica coativa, sustentado por Kelsen, tem como origem a compreensão do poder estatal enquanto sua expressão como *Imperium* e não como *Dominium*. Vinculado de forma essencial ao conceito de ordem jurídica, o Estado, na teoria pura do Direito e em consequência, o poder estatal, só passa a existir quando da constituição de uma ordem jurídica coativa. Ou seja, o poder estatal, sua soberania, só existe à medida em que exista uma ordem jurídica[162].

Nesta perspectiva, é possível entender o conceito de soberania em duas dimensões, quais sejam, uma dimensão política e uma jurídica. A primeira, em que sua expressão está relacionada com o aspecto do *Dominium,* em que a relação de poder é vinculada diretamente às coisas. Tal dimensão se verifica principalmente na soberania estatal sob a perspectiva externa. O Estado soberano como aquele que detém o território, um povo e um governo. A segunda, relacionada ao

---

160 Idem.
161 HELLER, Hermann. Teoria del estado. Trad LuisTobío. Editora Fondo de Cultura Económica. Pánuco. 1963, p. 271.
162 KELSEN, Hans. Teoria Pura do Direito. 8ª Edição. Ed. WMF Martins Fontes. São Paulo. 2009, p. 316.

aspecto do *Imperium*, em que a relação de poder está diretamente vinculada à coercibilidade sobre a liberdade dos indivíduos. Tal dimensão se expressa principalmente na soberania estatal sob a sua perspectiva interna. Sob esse prisma, a dimensão interna da soberania expressa em uma ordem jurídica coativa, manifestada em especial em um sistema normativo onde há uma norma fundamental que estrutura todo o sistema de forma hierarquizada, tem nas democracias constitucionais sua maior expressão.

A soberania, enquanto conceito jurídico-político, quando posta em relação com a ordem jurídica e ordem econômica, precisa ser entendido no âmbito da democracia. Isso porque a democracia, como regime político, tem em seu bojo a ideia de Estado de Direito. A partir daí, imprime-se uma nova dimensão ao conceito, manifestado no bojo de uma ordem jurídica coativa.

O discurso da criptomoeda, ao contrário, se apresenta como uma radicalização de uma ordem econômica anárquico-libertária, implicando em um retorno a noção de Estado como mero espectador do jogo do mercado, ou mesmo de um Não-Estado.

Contudo, ao colmatar o presente discurso com os conceitos de soberania e democracia, é possível vislumbrar que arguir a desestatização da emissão e controle da moeda não implica em fortalecimento da democracia, muito menos em "democratização da soberania", pois, como foi analisado, a soberania só se constitui em um Estado quando este é constituído por meio de uma ordem jurídica coativa. Nas democracias constitucionais, o elemento soberania já se manifesta na própria separação de poderes, em que, através do sistema de freios e contrapesos inerente ao próprio regime democrático constitucional, as forças sociais antagônicas ganham voz nos mais diversos valores positivados na constituição. Tais valores, ínsitos as mais diversas ideologias manifestadas no momento da promulgação da constituição e posteriormente atualizados pela própria dinâmica da sociedade, reconhecem as mais diversas versões de uma sociedade justa.

Assim, o mero fato de a moeda não ser emitida pelo Estado e ser gerada através de um sistema computacional não implica, necessariamente, uma democratização da soberania, por supor que se entregaria aos indivíduos o poder de controle sobre o valor real do dinheiro. Soberania tem a ver com ordem jurídica, e ordem jurídica coativa. Ordem econômica implica segurança e previsibilidade das ações, permitindo que os indivíduos gerem expectativas legítimas sobre a conduta dos outros indivíduos componentes da sociedade. Para que tal intento seja atingido, faz-se necessário uma ordem normativa que obrigue o cumprimento em caso de resistência. Mesmo que se adotasse um modelo de criptomoeda, este em nada influenciaria no papel da ordem jurídico-econômica e também nos conceitos de democracia e soberania.

3.5 – A soberania como ordem jurídica e na ordem jurídica política econômica

A compreensão da soberania a partir da dimensão jurídica, isto é, a partir de sua compreensão como ordem jurídica implica em determinar o sentido do que se entende por ordem jurídica.

O conceito de *ordem* traz o sentido de disposição metódica dos componentes de um conjunto[163]. Importante observar que tal disposição metódica dos componentes do

---

163 SOUZA, Washington Peluso Albino. Direito econômico. Editora Saraiva. São Paulo. 1980, p. 183.

conjunto não pode ser encontrada no bojo do próprio conjunto ordenado. Em outras palavras, significa que não se pode buscar a definição de ordem na natureza do conjunto de termos a ser coordenado, porquanto um conjunto de termos tem muitas ordens. Assim, a ordem não está na classe dos termos, mas em uma relação entre os membros da classe, a respeito de cuja relação alguns parece virem primeiro e outros depois[164]. Neste sentido, a relação determina a ordem dos elementos constituintes do conjunto.

Esta relação entre elementos constitutivos do conjunto ordenado é determinada por uma regra ou propriedade daquela relação. A distinção que reside entre o sentido jurídico e sociológico dado a ordem jurídica reside na distinção entre a propriedade da relação que há entre os elementos constitutivos das mesmas, ou seja, ao se falar em "direito", "ordem jurídica", "preceitos jurídicos", o que se deve ter em conta, ao se questionar acerca da significação jurídica, é o modo como se dá a relação no bojo desta ordem que determina o arranjo dos elementos que a constitui. Assim, na ordem jurídica, se pergunta o que vale como direito quando se quer saber sobre o sentido jurídico. Questiona-se sobre o que *deve ser*, isto é, sobre a significação ou, o que é o mesmo, que sentido normativo logicamente correto deve corresponder a uma formação verbal que se apresenta como norma jurídica. Ao contrário, o sentido sociológico do termo se questiona acerca do que de fato ocorre em uma comunidade em razão de que existe a probabilidade dos homens que participam de uma atividade comunitária, sobretudo aqueles que podem influir consideravelmente nesta atividade, considerem subjetivamente como válido em uma determinada ordem e orientem por ela sua conduta

---
[164] RUSSEL, Bertand. Introdução à filosofia da matemática. Tradução: Giasone Rebuá. 10ª edição. Editora Zahar editores. Rio de Janeiro. 1963, p. 36.

prática[165].

Assim, a tarefa da ciência jurídica, em sua dimensão jurídico-dogmática, consiste em investigar o reto sentido dos preceitos cujo conteúdo se mostra como uma ordem determinante desta conduta de um círculo de pessoas, demarcado de alguma maneira. É dizer, em investigar as situações de fato subsumidas nestes preceitos e o modo de sua subsunção. Realiza da tal forma essa tarefa que, partindo de sua indiscutível validez empírica trata de determinar o sentido lógico dos preceitos singulares de todas as classes, para ordená-los em um sistema lógico sem contradição. Este sistema constitui a "ordem jurídica", no sentido jurídico do termo[166].

Em sentido contrário, ao se observar o fenômeno por meio do seu sentido econômico-social, há que se considerar aquelas ações humanas que estão condicionadas pela necessidade de orientar-se na realidade econômicas em suas conexões efetivas. Chamamos de "ordem econômica" a distribuição de poder de disposição efetivo sobre bens e serviços econômicos que se produz consensualmente, ou seja, por meio de *consensus*, segundo o modo de equilíbrio dos interesses e da forma como esses bens e serviços são empregados segundo o sentido dado ao poder fático de disposição que repousa sobre esse consenso[167].

Em resumo, pode-se dizer que a ordem econômica é o conjunto de princípios e de instituições harmonicamente dispostos no sentido da satisfação das necessidades individuais e coletivas, ou ainda, como referida

---

165 WEBER, Max. Economia y sociedad: esbozo de sociologia comprensiva, vols. I. Editora Fondo de Cultura Económica. México. 1964, p. 251.
166 Idem.
167 WEBER, Max. Economia y sociedad: esbozo de sociologia comprensiva, vols. I. Editora Fondo de Cultura Económica. México. 1964, p. 251.

à distribuição do poder de disposição efetiva dos bens e serviços econômicos produzidos mediante *consensus* e em obediência ao equilíbrio dos interesses, que se cumpre pelo emprego desses bens e serviços[168].

Quanto a ordem jurídica, pode-se considerar como o conjunto de institutos e dos preceitos jurídicos, das normas jurídicas harmonicamente consideradas, como os componentes da *ordem jurídica*[169].

A relação entre ordem econômica e ordem jurídica, é íntima e inescapável, embora sejam de natureza distinta, visto tratarem de objetos ou sentidos distintos dados aos fenômenos, quais sejam, uma em relação à ordem do *ser* e outra à ordem do *dever ser*. Weber já asseverava que a ordem econômica e a jurídica se encontram mutuamente na mais íntima relação, sendo esta não no sentido jurídico, mas sim no sentido sociológico: como *validez empírica*. Neste caso, o sentido de "ordem jurídica" se altera totalmente. Este passa à não mais significar um cosmos lógico de normas "corretamente" inferidas, senão um complexo de motivações efetivas do atuar humano real[170].

Aqui o elemento costumeiro como determinador das relações entre os homens ganha relevo. Neste sentido Weber entende que o fato de que alguns homens se conduzam de um determinado modo porque consideram que assim está prescrito por normas jurídicas, constitui, sem dúvida, um componente essencial para o nascimento *empírico*, real, de um "ordenamento jurídico" e também para sua permanência. Contudo, alerta que não se pode perder de

---

168 SOUZA, Washigton Peluso Albino. Direito econômico. Editora Saraiva. São Paulo. 1980, p. 184.
169 SOUZA, Washigton Peluso Albino. Direito econômico. Editora Saraiva. São Paulo. 1980, p. 184.
170   WEBER, Max. Economia y sociedad: esbozo de sociologia comprensiva, vols. I. Editora Fondo de Cultura Económica. México. 1964, p. 252.

vista o caráter coativo do ordenamento jurídico, por menor que seja a percepção de tal caráter pelos membros da comunidade, posto que é em tal caráter que repousa a diferença entre o direito e o mero costume. Assim, para Weber, o "direito" é uma "ordem" com certas garantias específicas a respeito da probabilidade de sua validez empírica. Entende-se "direito objetivamente garantido" o caso em que as garantias consistem na existência de um "aparato coativo", que se define como um conjunto de pessoas dispostas de modo permanente a impor a ordem por meio de medidas coativas, especialmente previstas para isso (coação jurídica)[171].

    O que se percebe é que na ordem jurídica há o elemento de coatividade implícito a sua definição importando no poder de impor a vontade da norma sobre todos os membros da comunidade, mesmo sobre aqueles que não concordam com tal imposição. Tal coatividade aproxima a definição de ordem jurídica com o conceito de soberania antes tratado, em especial o conceito de soberania como *Imperium*.

    Percebe-se que as relações econômicas, apesar de não dependerem da ordem jurídica para a sua existência, pois se tratam de relações fáticas, baseadas em uma estruturação da realidade social que de certa forma independe da ordem jurídica enquanto coatividade, ainda assim guardam estreita relação com aquela. Por outro lado, diante da complexificação das relações sócio econômica, ante o processo de diferenciação e divisão do trabalho, mais e mais a realização da atividade econômica ganha contornos determinados pela ordem jurídica. Dessa forma, a ampliação da utilização de formas contratuais para a consecução de atividades

---

171   WEBER, Max. Economia y sociedad: esbozo de sociologia comprensiva, vols. I. Editora Fondo de Cultura Económica. México. 1964, p. 252.

econômicas e a desvinculação do valor de troca das mercadorias, inserido-a em um meio específico para a circulação dos bens, qual seja, a moeda, foram se tornando elementos comuns na ordem econômica.

Paralelamente a isso, o surgimento do crédito e sua crescente utilização como vetor de ampliação do investimento e da renda nacional e a criação dos títulos de crédito e dos valores mobiliários decorreram da ampliação da complexidade das relações econômicas. A assunção de critérios gerais para a resolução de eventuais conflitos ou divergências sobre o que foi avensado foi se mostrando como elemento necessário para garantir a *previsibilidade* e segurança no tráfico econômico. Para tanto, só o elemento da coatividade presente no ordenamento jurídico supriria a necessidade de uma coação externa a exigir o cumprimento dos pactos.

É neste sentido que se pode falar em *ordem jurídico-econômica*, no âmbito da qual é constituída sobre realidade social tomada a partir do fato econômico juridicamente regulamentado e em ordem *jurídico-político-econômica* como uma variante da ordem jurídico-econômica que é considerada a partir da ideologia constitucionalmente adotada e, portanto, dos elementos políticos fundamentais e referentes à vida econômica, que é o campo no qual a reflexão do direito econômico normalmente se debruça[172].

Em ambos os campos a coatividade inerente à ordem jurídica se mostra presente e é com base neste sentido do *dever ser* existente como normatizador das relações econômicas que o aspecto soberania em sua dimensão *Imperium* se apresenta.

A vinculação entre a ordem econômica e ordem

---

172 SOUZA, Washington Peluso Albino. Direito econômico. Editora Saraiva. São Paulo. 1980, p. 185.

jurídica e a consequente coatividade presente na última, também se torna visível meio da noção de *sistemas econômicos*. Estes podem ser definidos como o conjunto coerente de instituições jurídicas e sociais no seio das quais são postos em ação, a fim de assegurar a realização do equilíbrio econômico, certos meios técnicos organizados em função de certos móveis[173].

A partir da definição de sistema econômico é possível perceber que este engloba ao mesmo tempo os quadros jurídicos (Direito Público e Privado) da atividade econômica e seu quadro geográfico, as formas dessa atividade, os processos técnicos utilizados, seus tipos de organização, bem como um fator psicológico, o móvel dominante que impulsiona os agentes da produção. O regime econômico, como um elemento do sistema, envolve o conjunto de regras legais que, em um dado sistema econômico, rege as atividades econômicas dos homens, podendo ter dupla finalidade: i) as relações dos homens com os bens, ou seja, o regime de bens que coloca o problema da propriedade; ii) as relações dos homens com os homens entre si, ou seja, o regime de pessoas que coloca o problema da liberdade econômica[174].

Em ambos os casos, observa-se a relevância do elemento coatividade da ordem jurídica como determinante dos problemas da propriedade e da liberdade econômica. Como dito antes, a "ordem" é definida por uma propriedade das relações entre elementos de um conjunto. Esta "ordem" é dada a partir da adoção de uma regra que determina a configuração ou arranjo desta relação dos elementos e, no

---

[173] LAJUGIE, Joseph. Os sistemas econômicos. Tradução: Geraldo Gerson de Souza. 5ª edição. Coleção "saber atual". Editora Difel. São Paulo. 1976, p. 8.
[174] LAJUGIE, Joseph. Os sistemas econômicos. Tradução: Geraldo Gerson de Souza. 5ª edição. Coleção "saber atual". Editora Difel. São Paulo. 1976, p. 8.

caso das relações econômicas, a relação entre o homem e os bens (problema da propriedade) assim como a relação entre os homens (problema da liberdade econômica), traz em seu bojo o elemento normativo e, consequentemente, a coatividade, ou seja, a dimensão do poder soberano em seu aspecto *Imperium*.

A partir dessa perspectiva, a soberania enquanto ordem coativa, expressão da dimensão *Imperium*, parece ser mais adequada ante as novas formas de relações econômicas e sociais na sociedade da informação. Isso porque a expressão da coatividade inerente ao conceito, se manifesta nos próprios atos normativos, ordenando as relações sociais. Não obstante as novas formas de interação social desenvolvidas a partir do surgimento da internet, ainda assim, a garantia de previsibilidade das condutas dos agentes econômicos, mesmo no ambiente virtual, tem como suporte a coatividade estatal presente em suas normas jurídicas.

Mesmo a moeda digital, que tem como fundamento de sua criação a negação da interferência estatal nas transações monetárias que tem estas moedas como meio circulante, ainda assim necessita de um elemento heterônomo, com caráter coativo, que lhe imprima previsibilidade, tanto no que diz respeito ao valor de troca, quanto à garantia de sua validade como meio de pagamento nas relações contratuais. Assim, a moeda, mesmo digital, necessita de um ente que lhe dê suporte jurídico de validade, ainda que não seja emitida por esse ente estatal. Aqui ganha relevo como vetor da soberania estatal a própria política econômica e monetária, que será abordada no próximo capítulo.

4 – SOBERANIA NACIONAL NA ORDEM ECONÔMICA COMO ORDEM JURÍDICO-POLÍTICA-ECONÔMICA

4.1 – Política monetária

A política monetária se insere, enquanto série de medidas de cunho econômico, realizadas através de atos jurídicos, no âmbito do fato econômico circulação. No plano desta atuação, a dimensão jurídica da política econômica da circulação, normalmente traz como temas, habitualmente tratados em separado, a mercadoria, dinheiro e crédito. Não obstante, se integram de modo a tornar praticamente impossível a visão do Direito por qualquer tipo de tratamento que os considere separadamente.

Tais características decorrem da circunstância de que o fato econômico circulação é o campo específico do Direito Comercial e também constitui objeto do Direito Econômico. Importante distinguir em que medida o direito comercial tem aplicação bem como o Direito Econômico. Ao se tomar o fato de maneira restrita, considerando a *troca*, e ainda mesmo quando tomado em sua manifestação específica de *compra e venda*, este é objeto do Direito Civil, do Direito Administrativo, no que diz respeito às mercadorias, do Direito do Trabalho, quanto ao trabalho bem como a outros ramos[175].

O que distingue o fato econômico circulação como instituto do Direito Econômico é justamente a dimensão mais ampla a que se dá ao fenômeno, indo além da dimensão do interesse individual entre dois contratantes e, diante de uma extensão maior, abrangerá aspectos relacionados à política econômica que efetivará o fato circulação. Também será objeto deste quando alterações no *mercado*, em decorrência de atos de autoridade, chegam até o particular sob a forma de prejuízos não decorrentes de culpa sua, ou então, apenas, de *erro de previsão* dentro dos quadros normais de funcionamento desse mercado[176].

O fato circulação se apresenta em sua denominação mais elementar na troca e esta, a partir de processos de diferenciação e divisão do trabalho se manifestou como moeda. A presença desta ofereceu a

---

175 SOUSA, Washington Peluso Albino. Direito econômico. Editora Saraiva. São Paulo. 1980, p. 520.
176 SOUSA, Washington Peluso Albino. Direito econômico. Editora Saraiva. São Paulo. 1980, p. 513

oportunidade de decompor a troca em fenômenos distintos, mas que são interligados visto que são interdependentes. São eles a *compra,* que é o ato de adquirir o bem, e praticado pelo detentor do dinheiro; a *venda* que é o ato de dispor do *bem,* e praticado pelo detentor da mercadoria; e o *preço,* que é a quantidade de moeda pela qual se realizou a *compra e venda* que pretende traduzir o valor da mercadoria em relação a todas as demais mercadorias que a mesma quantidade de moeda possa adquirir. Como é possível perceber, tanto no *comprar* quanto no *vender,* os agentes econômicos são tomadores de *preços.* Coloca os possuidores do dinheiro e do bem, como tomadores de preços, portanto, em relação com o *mercado.* Veja-se que o fenômeno de *compra e venda* é um ato significativo diverso dos atos isolados de *compra* e *venda* e *preço,* pois é na relação entre os três que ele é preenchido de significado, se desprendendo destes e ganhando um novo estatuto diverso dos anteriores. Isto é, a relação de *compra e venda não se esgota nos atos isolados de compra, venda e preço, mas assume uma dimensão nova tendo uma objetividade própria no campo do Direito.*

      Os atos de *compra, venda e preço* ganham significatividade no âmbito do *mercado,* local onde as transações se dão. O funcionamento livre das transações no mercado se dá, como é explicado pela Ciência Econômica, a partir da lei da *oferta e demanda,* de onde decorre a ideia de *livre concorrência.* Contudo, a livre concorrência, não obstante pressuponha a lei de oferta e demanda, exige como pressupostos para o seu atingimento, que os agentes econômicos, que realizam os atos de *compra* e *venda,* e são os tomadores de *preços,* sejam perfeitamente iguais em condições, tenham plena informação sobre as peculiaridades de cada concorrente, um em relação ao outro, que haja homogeneidade do produto, tudo isso para garantir uma completa *transparência do mercado*. Diante dessas características é garantido o funcionamento do mercado à base de *atomicidade,* na qual o particular encontra as defesas naturais pelos efeitos da própria disputa[177].

Entretanto, essa mesma *fluidez* característica da livre concorrência, teoricamente desenvolvida, logo foi refutada na prática, onde expedientes os mais diversos foram identificados, aptos a viciar o mercado, tornando-o mais compacto ou viscoso, ensejando a *concorrência imperfeita*[178].

A *concorrência imperfeita*, decorrente de circunstância onde há um ou mais agentes econômicos que dominam o mercado, impossibilitando que outros nele sobrevivam, foi se mostrando mais patente que uma ingênua crença de que o mercado se autorregularia. A ideia de concorrência imperfeita pode ser constatada em diversos matizes, sendo as mais comuns classificadas em graus que vão de *concorrência imperfeita,* até a *concorrência monopolística,* passando pela *concorrência quase perfeita.* Todos se caracterizam por possuírem um agente econômico que controla o mercado relevante (monopólio) ou alguns (oligopólio)[179].

No âmbito da moeda, ao se considerar suas características, como meio de troca, reserva de valor e unidade de conta, vê-se de plano que a circulação, como fato econômico e instituto do Direito Econômico, tem como substrato ou elemento dinamizador a moeda, que ampliou a extensão do conceito admitindo a ideia de circulação de Riquezas. O valor monetário, que passa a ser o valor

---

177 SOUSA, Washigton Peluso Albino. Direito econômico. Editora Saraiva. São Paulo. 1980, p. 516.
178 SOUSA, Washigton Peluso Albino. Direito econômico. Editora Saraiva. São Paulo. 1980, p. 516.
179 SOUSA, Washigton Peluso Albino. Direito econômico. Editora Saraiva. São Paulo. 1980, p. 517.

referência de todo o mercado, o *valor de compra* de um produto, ao ser monopolizada a emissão pelo Estado, tem o *valor nominal* estipulado por este. Contudo, o *valor de compra* da moeda, que está diretamente vinculado ao *valor real,* diverge habitualmente do valor nominal, em decorrência da *inflação* que desvirtua a função de reserva de valor[180].

Há uma relação diretamente proporcional entre o *volume de moeda* em circulação, incluindo neste universo a moeda bancária, a *velocidade de circulação* destas moedas e o *nível geral de preços*, e inversamente proporcional ao *volume de comércio*[181]. O que define o valor real da moeda é, como todos os bens, a relação entre a quantidade ofertada e a quantidade demandada[182]. Assim, o valor da moeda sobe se a quantidade ofertada permanece a mesma ou é reduzida enquanto a quantidade demandada aumenta, no caso da oferta da moeda se manter a mesma e, ou a quantidade demandada permanece a mesma e a quantidade ofertada se reduz. Na relação entre o volume de moeda e o nível geral de preços é que se vislumbra a necessidade da política monetária para manter o *equilíbrio monetário*[183]. Há que se observar que oferta e demanda de moeda são variáveis independentes. A oferta é uma variável exógena, não sendo determinada pela demanda. Tal entendimento é necessário para a argumentação sobre a influência do estoque monetário sobre o nível geral de preços.

---

180 SOUSA, Washigton Peluso Albino. Direito econômico. Editora Saraiva. São Paulo. 1980, p. 518.
181 MANKIW, N.Gregory. Introdução à economia. Tradução: Allan Vidigal Hastings. Elisete Paes e Lima. Editora Cengage Learning. São Paulo, 2012, p. 642.
182 MANKIW, N.Gregory. Introdução à economia. Tradução: Allan Vidigal Hastings. Elisete Paes e Lima. Editora Cengage Learning. São Paulo, 2012, p. 636.
183 MANKIW, N.Gregory. Introdução à economia. Tradução: Allan Vidigal Hastings. Elisete Paes e Lima. Editora Cengage Learning. São Paulo, 2012, p. 637.

Como alterações na oferta de moeda levam a mudanças no nível geral de preços dos bens e serviços. Questiona-se como essas alterações monetárias afetam outras variáveis, como produção, emprego, salários reais e taxas de juros reais. Para analisar tal possibilidade, há que se distinguir *variáveis nominais* e *variáveis reais*, sendo a primeira as variáveis medidas em unidades monetárias e a segunda as variáveis medidas em unidades físicas. Assim, por exemplo, a renda dos produtores de milho ou soja é uma variável nominal, por ser medida em moeda, já a quantidade de milho ou soja produzida é uma variável real, por ser medida em sacas. Tal distinção entre variáveis foi denominada pela economia como *dicotomia clássica*[184]. Contudo, há uma certa dificuldade da dicotomia clássica ao se voltar para os preços. Os preços dos produtos e serviços são medidos em moeda. Assim, quando tomados em si mesmos, são variáveis nominais, no entanto, quando se trata de *preços relativos* – o preço de uma coisa comparado ao preço de outra coisa – os sinais se cancelam e o número resultante é medido em unidades físicas. Desta forma, os preços são variáveis nominais, ao passo que os preços relativos são variáveis reais[185].

A importância dessa separação decorre do fato de que forças diferentes influenciam as variáveis reais e nominais. Segundo a teoria clássica, as variáveis nominais são influenciadas por acontecimentos ocorridos no sistema monetário da economia, ao passo que o sistema monetário é, em grande medida, irrelevante para explicar as variáveis

---

184 MANKIW, N.Gregory. Introdução à economia. Tradução: Allan Vidigal Hastings. Elisete Paes e Lima. Editora Cengage Learning. São Paulo, 2012, p. 640.
185 MANKIW, N.Gregory. Introdução à economia. Tradução: Allan Vidigal Hastings. Elisete Paes e Lima. Editora Cengage Learning. São Paulo, 2012, p. 641.

reais. Tal é a definição de *neutralidade monetária*, as alterações na oferta de moeda não afetam as variáveis reais[186].

Ao tomar tais fatores como premissa para a determinação da relação entre volume monetário e nível geral de preços, a Ciência Econômica desenvolve a *equação quantitativa, (MxV=PxY)* que relaciona a quantidade de moeda, a velocidade da moeda e o valor monetário da produção de bens e serviços na economia. Tal equação tem, como elementos necessários para definir o nível geral de preços de equilíbrio e a taxa de inflação: i) que a velocidade da moeda é relativamente estável ao longo do tempo; ii) como a velocidade é estável, quando o banco central altera a quantidade de moeda (M), ele causa alterações proporcionais no valor nominal da produção (PxY); iii) a produção de bens e serviços da economia (Y) é determinada , principalmente pela oferta de fatores (trabalho, capital físico, capital humano e recursos naturais) e pela tecnologia de produção disponível. Em particular, como a moeda é neutra, ela não afeta a produção; iv) sendo a produção (Y) determinada pela oferta de fatores e pela tecnologia, quando o banco central altera a oferta de moeda (M) e induz alterações proporcionais no valor nominal da produção (PxY), essas alterações se refletem em alterações no nível geral de preços (P); v) portanto, quando o banco central aumenta rapidamente a oferta de moeda, o resultado é uma alta taxa de inflação[187].

Para entender o papel da política monetária e sua necessidade, há que se observar, como dito, a relação direta entre o volume de moeda circulante e o nível geral de

---

[186] MANKIW, N.Gregory. Introdução à economia. Tradução: Allan Vidigal Hastings. Elisete Paes e Lima. Editora Cengage Learning. São Paulo, 2012, p. 641.

[187] MANKIW, N.Gregory. Introdução à economia. Tradução: Allan Vidigal Hastings. Elisete Paes e Lima. Editora Cengage Learning. São Paulo, 2012, p. 642. SENA, José Julio. Política monetária: idéias, experiências e evolução. Editora FGV. Rio de Janeiro. 2010, p. 167 a 178.

preços, o que nos remete à inflação. Apenas por esse ponto se mostra evidente a necessidade da política monetária, implementada por uma autoridade central. Tal política visa controlar o volume de moeda circulante, a fim de controlar o nível geral de preços e restringir a inflação. Esta desvirtua a função de acumulação de valor da moeda e sua reserva, por produzir uma série de custos transacionais. Dentre esses têm-se os *custos de sola de sapato,* que são os recursos desperdiçados quando a inflação incentiva as pessoas a reduzirem a quantidade de moeda mantida em mãos; *custos de menu,* caracterizado pelos custos de alterações de preços; *variabilidade dos preços relativos e a alocação distorcida de recursos,* que se caracteriza pela distorção dos preços relativos, distorcendo as decisões dos consumidores, gerando ineficiência dos mercados em alocar recursos escassos; *distorções tributárias induzidas pela inflação,* caracterizadas pelo fato de que a inflação tende a aumentar a carga tributária sobre a renda obtida da poupança. Isso porque a inflação exagera o montante dos ganhos de capital e aumenta inadvertidamente a carga tributária sobre esse tipo de renda; *confusão e inconveniência,* decorrente da perda da previsibilidade em relação ao valor da moeda enquanto unidade de conta, por força da inflação. Em resumo, seria a insegurança jurídica em relação ao valor da moeda; *redistribuição arbitrária de riqueza,* caracterizada pela redistribuição inesperada da riqueza entre a população de uma maneira que nada tem a ver com o mérito ou necessidade[188]. Sobre esse tema Keynes discorreu, considerando o maior efeito nefasto da inflação[189].

---

188 MANKIW, N.Gregory. Introdução à economia. Tradução: Allan Vidigal Hastings. Elisete Paes e Lima. Editora Cengage Learning. São Paulo, 2012, p. 648 a 652.
189 KEYNES, John Maynard. Coleção os Pensadores. Vol. XLVII. Ensaios econômicos. Artigo: Inflação e deflação. 1ª edição. Editora Abril. 1976, p. 11.

A política monetária também se mostra necessária, quando de sua relação direta com o controle da inflação de seus custos transacionais quanto à *política de crédito,* profundamente associada a circulação de moeda. A relação decorre do chamado *efeito Fisher,* consistente no ajustamento, na proporção de um para um, da taxa de juros nominal à taxa de inflação. Tal efeito é crucial para o entendimento das variações na taxa de juros nominal ao longo do tempo. Também o feito da inflação atinge tais taxas ao serem indexadas à inflação. Diante disso, a política monetária, ao buscar reduzir a inflação, controlando o volume de moeda, também atua diretamente no crédito, ao permitir mais previsibilidade nos contratos de empréstimo. Isso porque, uma política monetária expansionista do volume de moeda em circulação, provoca um aumento de oferta de dinheiro, acabando por ampliar os créditos já que há um excedente de moeda no mercado. Esses empréstimos permitem que outras pessoas comprem bens e serviços, aumentando a demanda por bens e serviços além daquilo que é ofertado. Tal busca por bens provoca um aumento geral nos preços.

4.2 - A política monetária como expressão da soberania estatal

Ao se constatar a necessidade de adoção de políticas monetária e creditícia com o fito de proteger o mercado dos males decorrentes de processos inflacionários, se vislumbra, a partir daí, a razão do monopólio de emissão de moeda pelo Estado. Tal centralização visa a garantir um controle eficiente do volume de moeda em circulação, a fim de evitar os efeitos decorrentes do aumento desordenado desta em razão das moedas bancárias. E, mesmo em um cenário onde um hipotético emissor privado de moeda se privilegie do fato de ser o "controlador" do bem (moeda) se justificaria o controle estatal sobre o volume de dinheiro circulante. Isso porque, por força da satisfação de seus interesses egoísticos, o hipotético emissor privado de moeda, poderia ampliar desordenadamente o volume de moeda na economia, vindo a produzir efeitos na economia de um país, que afetariam a todos os nacionais deste.

Trata-se de uma questão de ordem pública, ou mesmo de interesse público, o monopólio de emissão de moeda por parte do Estado, dizem os defensores da visão monopolística da emissão de moeda pelo Estado.

Contudo, é possível objetar que há determinados Estados que a emissão de moeda é controlada por entes que são privados mas que exercem, neste aspecto, serviço público, como o caso do FED (*Federal Reserve Sistem*), dos EUA, que tem aspectos de natureza pública e de natureza privada[190], tendo sido concebido para servir tanto aos interesses do público em geral como dos banqueiros privados. Criado em 1913, ressaltou peculiaridades da sociedade norte-americana,

---

190 Não se nega que, não obstante tenha, no lead case McCULLOCH v. MARYLAND (1819), julgado na Suprema Corte dos EUA, com base na Teoria dos Poderes Implícitos, que não existia qualquer inconstitucionalidade na incorporação de um banco privado pelo governo federal, que o Congresso possuía amplos poderes para aprovar leis sobre matérias diversas, mesmo aquelas não listadas especificamente na Constituição, desde que adequadas à consecução dos seus fins, e que os estados não poderiam interferir em nenhuma ação do governo federal, impondo o pagamento de taxas (MARSHALL, C.J., Opinion of the Court. McCulloch v. Maryland. CORNELL UNIVERSITY LAW SCHOOL. Disponível em <https://www.law.cornell.edu/supremecourt/text/17/316>, consultado em 08 de junho de 2018) ainda assim, não se pode olvidar que os EUA incorporou as ações do Bank of the United States, tornando-o o atual FED, o que já evidencia que sua constituição se deu por meio da iniciativa privada e posteriormente foi incorporado ao Estado. Além disso, sua composição é híbrida, tendo como conselheiros com poder de voto, não se submentendo ao poder executivo e legislativo. Diante do seu caráter híbrido, permeando aspectos de intresses público e privado é que a presente colocação se baseia.

sendo uma a história da regulamentação prudencial de seu sistema financeiro que se diferencia das metrópoles europeias. Ao contrário destas, os norte- americanos sempre deram preferência à liberdade econômica com relação a qualquer intervenção pública, no entanto, se esta tivesse de ocorrer, a preferência recaía sobre os estados federados e não sobre no governo nacional. A constituição dava ao governo federal o direito de emitir moeda e contrair dívidas, mas nada dizia acerca do controle de instituições financeiras, que acabaram ficando a cargo dos próprios bancos privados, operando com licenças estaduais.

O *Fed* é independente dentro do governo, conforme expõe o Conselho de Governadores, de modo que "suas decisões não têm que ser ratificadas pelo Presidente ou por nenhum outro membro do Poder Executivo ou do Legislativo." No entanto, sua autoridade deriva do Congresso dos Estados Unidos e está sujeita à supervisão parlamentar. Além disso, os membros do Conselho de Governadores, incluindo seu presidente e vice-presidente, são escolhidos pelo Presidente dos Estados Unidos e confirmados pelo Congresso. O governo também exerce algum controle sobre o *Fed*, ao indicar e estabelecer os salários dos funcionários de mais alto nível do sistema. O Governo dos Estados Unidos recebe todos os lucros anuais do sistema, após o pagamento de dividendos estatutários de 6% sobre o investimento em capital dos bancos membros, e a retirada uma parte do excedente como reserva[191].

Interessante também é o Sistema Europeu de Bancos Centrais (SEBC) da União Europeia, onde o Banco Central Europeu tem o direito exclusivo de *autorizar a emissão de notas de banco em euros na União*. O Banco Central

---

191 SILVA, Luiz Afonso Simoens da. Moeda e crise econômica global. ed. 1ª. Editora Unesp. São Paulo, 2015, p. 22.

Europeu e os bancos centrais nacionais podem emitir essas notas. As notas de banco emitidas pelo Banco Central Europeu e pelos bancos centrais nacionais são as únicas com curso legal na União[192].

Assim, no âmbito da União Europeia, os Estados membros, que possuem Bancos Centrais, só podem emitir moeda, quando autorizados pelo Banco Central Europeu, dentro dos limites autorizados por este, a fim de cumprir os ditames da política monetária estatuída no zona do Euro. Ou seja, Estados membros que, não obstante mantenham uma soberania interna no que diz respeito à respectiva identidade nacional, refletida nas estruturas políticas e constitucionais fundamentais de cada um deles em especial, a segurança nacional continua a ser da exclusiva responsabilidade de cada Estado-Membro. No que diz respeito ao monopólio estatal da emissão de moeda e definição dos objetivos de política econômica, os Estados membros não detém mais tais prerrogativas[193].

A transparência das decisões tomadas no âmbito das autoridades monetárias, referindo-se ao ambiente em que objetivos da política monetária, seu enquadramento legal, institucional e econômico, sua racionalidade, dados e informações, e os termos em que a autoridade é responsabilizada por essas decisões (*accountability*), são as características definidas como esenciais para os bancos centrais. Neste sentido, o principal papel do direito se desloca da definição de regras instrumentais de conduta da burocracia monetária (sobretudo regras *ex ante*) para a construção de normas de supervisão, prestação de contas e

---

[192] Jornal Oficial da União Eropeia. C 326, de 26 de outubro de 2012. https://www.ecb.europa.eu/ecb/legal/pdf/c_32620121026pt.pdf, consultado em 14/05/2017, p. 102.
[193] Idem, p. 18.

sanção de bancos centrais (principalmente *ex post*). Contudo, tais regras *ex post*, não substituem toda a regulação da burocracia[194].

O que efetivamente ocorre é uma exigência da própria forma de atuação dos bancos centrais que não mais se limitam ao controle do volume de moeda através de intervenções diretas no "estoque de moeda", mas sim, passam a atuar de forma indireta, por meio da manipulação da taxa de juros de curto prazo, realizando o controle via sistema bancário no longo prazo. A tomada de decisão da autoridade monetária envolve a utilização de instrumentos de gestão relacionados à manipulação da taxa de juros, implementadas a partir de operações de mercado aberto. Nesse modelo, há crescente discricionariedade e complexificação do processo decisório de bancos centrais. Deliberações, baseadas na fixação da taxa de juros como principal instrumento e em operações de compra e venda de títulos, pressupõem que a entidade atue essencialmente como agente de mercado. Em adição a isso, a adoção, de forma implícita ou explícita, do sistema de metas inflacionárias implica a avaliação e a constituição de projeções futuras, que congregam diversos dados econômicos, quantitativos, qualitativos, reais ou monetários, nacionais e internacionais, que recebem diferentes considerações da autoridade monetária. Neste modelo de atuação, a forma de regulação é endógina, não hierárquica, criada pelos próprios agentes de mercado, inclusive pela burocracia que passa atuar como um deles[195].

Esse regime regulatório pode ser compreendido como um conjunto de unidades interrelacionadas, privadas e

---

194 DURAN, Camila Villard. A moldura jurídica da política monetária: um estudo do Bacen, do BCE e do Fed. editora Saraiva. São Paulo. 2013, p. 69.
195 DURAN, Camila Villard. A moldura jurídica da política monetária: um estudo do Bacen, do BCE e do Fed. editora Saraiva. São Paulo. 2013, p. 84.

públicas, que estão empregadas no atendimento de determinado objetivo institucional. Tanto o Estado como outros atores sociais são reguladores e regulados. Há o objetivo institucional a ser alcançado, qual seja, a promoção de um bem público (moeda), e com ele os benefícios agregados decorrentes de sua estabilidade como o controle do nível geral de preços e garantia dos salários[196].

Não obstante o instrumento contratual seja amplamente utilizado, não se pode olvidar das características próprias da ação estatal como a unilateralidade da administração e a existência de comandos. Tal modelo evidencia uma ampliação das formas de regulação e de manifestação da ordem jurídica como elemento determinante de garantia da previsibilidade das ações, sejam elas por meio de uma normatividade exógena (no sentido weberiano do termo) seja ele por meio de autorregulação através do instrumento contratual, também figurado no sistema jurídico como forma de normatividade[197].

Tal colocação é relevante na medida em que nos remete a duas hipóteses provisórias contrárias levantas na presente pesquisa, quais sejam, i) *que a emissão de moeda não é expressão da soberania estatal, não se justificando o controle estatal de sua emissão;* e ii) *a soberania na Ordem econômica se manifesta através da ordem jurídico-política-econômica, em que o controle sobre o volume de moeda em circulação é de interesse público, justificando tanto o modelo monopolístico quanto um modelo regulatório em caso de emissão privada de moedas.*

---

[196] DURAN, Camila Villard. A moldura jurídica da política monetária: um estudo do Bacen, do BCE e do Fed. editora Saraiva. São Paulo. 2013, p. 84.
[197] DURAN, Camila Villard. A moldura jurídica da política monetária: um estudo do Bacen, do BCE e do Fed. editora Saraiva. São Paulo. 2013, p. 84.

Assim, diante da objeção proposta, é possível concluir pela razoabilidade das duas hipóteses acima, já que é possível a existência de entidade privada que regula a emissão de moeda, bem como a possibilidade de delegação da prerrogativa estatal de emissão de moeda a outro ente constituído por meio de tratado internacional. Ambas as situações demonstram, ao menos em um primeiro momento, que a relação entre soberania estatal e emissão de moeda, é uma relação contingente já que é possível a existência de arranjos institucionais onde o monopólio de emissão de moeda não esteja vinculado diretamente ao Estado.

Defensores do pensamento libertário, como Hayek, têm, reiteradamente, defendido a relação contingente entre emissão de moeda e o monopólio estatal de sua emissão[198]. Hayek inicia sua crítica ao monopólio estatal de emissão de moeda, argumentando que os governos mantêm o controle sobre a emissão de moeda com o único objetivo de produzir dinheiro para pagar suas despesas. Assim, o monopólio estatal de emissão de moeda, seria um instrumento nas mãos do governo, apto a suprir sua ineficiência econômica. Para satisfazer seus intentos "populistas" de defesa do pleno emprego, os governos ampliam o crédito, aumentando de forma irresponsável o volume de moeda que implica em aumento do nível geral de preços e, consequentemente, inflação, que leva ao desemprego e recessão. Assim, em sua visão, o mercado, regido por leis intrínsecas, deve reger a oferta e demanda por moeda e é no palco do mercado que se deve manter, além da circulação, a produção e distribuição do dinheiro[199].

---

198 HAYEK, Friedrich A. Desestatização do Dinheiro. 2ª edição. São Paulo: Instituto Ludwig von Mises. Brasil, 2011, p. 46.
199 HAYEK, Friedrich A. Desemprego e política monetária. 2ª edição. São Paulo: Instituto Ludwig von Mises. Brasil, 2011, p. 24; Desestatização do Dinheiro. 2ª

Sem dúvidas, a percepção de Hayek é acertada. Há uma interdependência entre as ações de política econômica perpetradas pelo Estado e as consequências diretas sobre o nível geral de preços, e o desemprego como decorrência do advento do ciclo recessivo da economia. No entanto, tal asserção só corrobora a hipótese da necessidade de uma política monetária a fim de garantir o equilíbrio econômico. A crítica feita por Hayek não atinge o cerne da questão, pois elenca como razões para que a moeda seja entregue ao mercado, a incompetência dos governos em manter o equilíbrio entre volume de moeda e nível geral de preços.

Muito embora constate que o monopólio estatal na *emissão* de moedas decorra muito mais de uma contingência do que de uma necessidade da soberania estatal, ainda assim, não consegue desvincular as consequências negativas que ele elenca de uma causa eminentemente subjetiva, qual seja, a conduta irresponsável dos governos. Assim, mesmo que se tenha que a emissão de moeda em si não seja condição necessária da soberania na ordem econômica, ainda assim, é possível constatar que a política monetária o é.

A ação política é necessária para que haja previsibilidade no mercado que, se entregue as suas próprias forças, não garantirá a certeza necessária quanto ao valor monetário dos bens, isto é, quanto aos preços. E como a ação política em geral, e a política monetária em particular se concretiza através de norma jurídica em um Estado de Direito, e a norma jurídica tem como característica a heteronomia e a coatividade, a hipótese de que a soberania na ordem econômica se expressa através da política econômica

---

edição. São Paulo : Instituto Ludwig von Mises. Brasil, 2011, p. 46.

se mostra, ao menos em um primeiro momento como satisfatória.

      A principal crítica ao sistema centralizado de política monetária seria, segundo a visão dos defensores da ideologia libertária da criptomoeda, o fato de que tal controle torna o sistema inerentemente inflacionário. Isso porque o modelo adotado exige que o órgão central de controle exerça a senhoriagem da moeda, inserindo no sistema o viés inflacionário já que através da emissão de moeda o Estado transferiria para o mercado o seu déficit público, gerando um encargo nas relações de troca que não decorreria da eficiência do mercado em si. Ou seja, o Estado tornaria, através do seu controle do valor de moeda circulante, a economia ineficiente. Assim, os defensores da criptomoeda não controlada pelo Estado, entendem que uma moeda gerada sem ingerência estatal, deve ter um limite fixo de emissão a fim de controlar o viés inflacionário.

      A consequência mais importante e debatida de uma emissão monetária fixa e decrescente é que a moeda tenderá a ser inerentemente deflacionária. A deflação é o fenômeno da perda de valor devido a uma defasagem entre a oferta e a demanda que aumenta o valor (e a taxa de câmbio) de uma moeda. A deflação dos preços, o contrário da inflação, significa que o dinheiro tem mais poder de compra com o passar do tempo. Muitos economistas argumentam que uma economia deflacionária é um desastre e deveria ser evitada a todo custo. Isso porque em um período de rápida deflação, as pessoas tendem a guardar dinheiro ao invés de gastá-lo, na esperança de que os preços irão cair. Tal fenômeno ocorrer durante a "Década Perdida" do Japão, quando um colapso completo da demanda levou a moeda para um espiral deflacionário.

      Os especialistas em Bitcoin argumentam que a

deflação não é algo ruim por si só. Ao invés disso, os economistas associam a deflação a um colapso na demanda porque este foi o único exemplo de deflação que nós temos disponível para estudar. Em uma moeda fiduciária com a possibilidade de impressão ilimitada, é muito difícil de se entrar em uma espiral deflacionária a menos que exista um colapso completo na demanda e um desinteresse em imprimir dinheiro. A deflação do bitcoin não é causada por um colapso na demanda, mas por uma oferta restrita previsível.

Na prática, se tornou evidente que o instinto de acumular causado pela moeda deflacionária pode ser superado através de descontos dos vendedores, até que o desconto supere o instinto de acumular do comprador. Como o vendedor também está motivado a acumular, o desconto se torna o preço de equilíbrio no qual os dois instintos de acumular se correspondem. Com descontos de 30% no preço do bitcoin, a maior parte dos comerciantes de bitcoin não está tendo dificuldades em superar o instinto de acumular e estão gerando renda. Ainda não se sabe se o aspecto deflacionário da moeda é realmente um problema quando ele não é conduzido por uma rápida retração econômica.

4.3 - O modelo do jogo do banco central

Analisaremos o papel do monopólio estatal na emissão de moeda em um Estado onde só há um tipo de moeda, a controlada pelo Estado e, em contrapartida, supor a existência de um Estado onde a emissão de moeda é veiculada por três bancos privados A, B e C, em uma concorrência monopolística.

Ambos os cenários, o primeiro comum em todos os países, e o segundo, imaginário, mas que representa um ideal defendido pela escola austríaca de economia, veiculado pelo seu maior expoente da atualidade, Friedrich von Hayek, tem como agentes econômicos envolvidos em uma situação de jogo, o Banco(s) Central/privados, empregados e empregadores e dentro destas perspectiva de jogo que será construído um modelo simples em que primeiro se analisará as estratégias presentes no contexto de um Estado onde há monopólio de emissão de moeda pelo banco central e o segundo onde as moedas são emitidas pelos bancos A, B e C.

Ao se tratar, nos modelos apresentados, das relações entre os agentes econômicos, se buscará analisar o papel das instituições no contexto em questão. Busca-se, aqui, verificar se é crível um modelo de emissão múltipla de moedas ao ser cotejado com critérios de justiça social.

Tem-se como hipótese que o sistema defendido pela escola austríaca de economia, embora busque solucionar o problema do viés inflacionário, não dá conta de questões que se apresentariam como consequências lógicas do controle de emissão de moeda pelas instituições financeiras privadas.

Os problemas da concorrência monopolística, da absorção do viés inflacionário pelo sistema de taxa de câmbio produzidos pelo controle privado de emissão de moeda, produziriam, em um Estado que adotasse tal modelo, resultados desastrosos para sua própria economia interna, provocando verdadeira desigualdade e imobilidade social.

Assim, a presente reflexão busca demonstrar que, embora o critério de eficiência seja válido para determinar um aspecto da justiça social, ele não dá conta de toda a complexidade do próprio conceito de justiça, sendo necessários outros elementos de cunho institucional que permitam a realização possível do ideal de justiça.

Importante salientar que não se buscará se aprofundar em cálculos matemáticos na construção dos modelos em questão. Tal construção se limitará em definir os agentes econômicos, as estratégias, os *pays offs* e daí retirar as consequências possíveis.

4.3.1 – Modelo de monopólio estatal de emissão de moeda: interação em jogo do Banco Central – empregados e empregadores na definição da taxa de inflação, reajuste salarial e meta de inflação[200].

Como é sabido, a taxa de crescimento de oferta monetária determina a taxa de inflação no longo prazo. E por seu turno, a taxa de inflação pode afetar o crescimento da produção e do emprego. Assim, é razoável pensar que o Banco Central de um país se preocupe com a taxa de inflação, bem como com o nível de emprego. Também o comportamento dos empregadores e dos trabalhadores tem um impacto sobre a economia agregada. Ante essa interdependência entre os três grupos, Banco Central, empregadores e empregados, é possível concluir que eles se encontram enredados em um jogo.

Isso porque empregadores e empregados tendem a firmar contratos de trabalho de longo prazo expressos em termos de moeda (valor nominal) em vez de em termos de poder de compra (valor real). Isso significa que trabalhadores, quando firmam contrato de trabalho em valor nominal tem de prever a taxa de inflação escolhida pelo Banco Central e o valor real dos seus salários. Em um sistema de informação perfeita de comportamento racional, os

---

200 Todo o presente capítulo foi retirado da obra: BIERMAN, H. Scott. Teoria dos jogos: Tradução Arlete Simille Marques. Ed. 2ª. Editora Perason Prentice Hall, 2011, p. 154 a 166, suprimindo-se somente as fórmulas matemáticas.

trabalhadores conseguiriam prever o comportamento do Banco Central ainda que ele escolha a taxa de inflação depois que eles assinarem seus contratos de trabalho.

No entanto, importa saber que o tipo de jogo em questão não é estático de informação perfeita, mas sim dinâmico de informação perfeita, o que significa que o Banco Central escolhe um nível de inflação mais alto do que gostaria. A falta de credibilidade dessa instituição de comprometer-se com uma meta de inflação mais baixa está na raiz do problema. O cerne da questão é saber como o Banco Central poderia comprometer-se antecipadamente com uma taxa de inflação mais baixa e preferível.

Como é sabido, a inflação consiste em um aumento persistente no nível geral de preços. A hipótese lançada nas décadas de 1960 e 1970, ante uma inflação acelerada em vários países, foi a de que as economias modernas possuíam um viés inflacionário. Argumentou-se que os bancos centrais estão sob grande pressão política para usar políticas monetárias inflacionárias de modo a estimular o crescimento e reduzir o desemprego.

Contudo, a sistemática subestimação da inflação persistente é inconsistente com o comportamento racional. Pois políticas monetárias inflacionárias somente estimularão a atividade econômica se o público não antecipar a inflação resultante.

Também se argumentava que empresas oligopolistas podem repassar aos consumidores, sob a forma de preços finais mais altos, quaisquer aumentos de salários demandados por seus trabalhadores sindicalizados. Isso produziria um círculo vicioso de escalada de salários e preços. Tal explicação tem uma falha grave.

Não obstante o poder de mercado possa ser responsável pelo fato de os salários dos trabalhadores sindicalizados em setores monopolistas ou oligopolistas serem relativamente mais altos do que os de outros trabalhadores, o poder de mercado só poderá ser responsável por aumentos persistentes nos salários desses trabalhadores se houver um crescimento persistente de seu poder de mercado. Contudo, nos últimos 40 anos, o setor sindicalizado da força de trabalho vem diminuindo de tamanho e importância relativos, e não cresce. Também os maiores setores oligopolistas vem enfrentando um contínuo aumento de concorrência o que não lhe permite manter um aumento persistente de crescimento.

Neste contexto, ao desenvolvermos o modelo macroeconômico, consideramos como variáveis o salário nominal, que é indexado à taxa de inflação esperada durante o período de vigência do contrato. Também há que se considerar que se a taxa de inflação efetiva for diferente da esperada quando o salário monetário foi negociado, então os trabalhadores serão forçados, por contrato, a fornecer mais ou menos trabalho do que efetivamente teriam fornecido se a taxa de inflação tivesse sido prevista corretamente.

Tais implicações decorrem do fato de que salários quase sempre são negociados em termos nominais, ainda que trabalhadores e empregadores estejam interessados no seu poder de compra.

A taxa de inflação que trabalhadores e empregadores tentam prever não é completamente aleatória, mas influenciada pela taxa de crescimento da oferta monetária, que está sob controle do Banco Central. Portanto, as decisões sobre salário e emprego de trabalhadores e empregadores dependem de decisão de expansão monetária tomada pelo Banco Central. Contudo, o desempenho deste, por sua vez, depende das decisões de salário e emprego de trabalhadores e empregadores. Como se vê, os três grupos estão enredados em um jogo, ante a interdependência em relação às decisões que os mesmos podem tomar.

Sob condições muito gerais, esse jogo apresenta um equilíbrio de Nash no qual o Banco Central escolhe uma taxa de crescimento para a oferta monetária que resulta em inflação acima da meta prevista. No entanto, para o modelo adotado, infelizmente para a instituição, em nosso jogo dinâmico, uma política monetária de baixa inflação não tem consistência intertemporal.

Quando chega a hora do Banco Central escolher a meta da taxa de inflação, ele não mais achará ótimo adotar uma política de baixa inflação. Ao contrário, o ótimo será uma política de alta inflação.

4.3.1.1 Ações e sua ordem no jogo

O jogo em questão modela a economia usando um jogo dinâmico altamente estilizado que é jogado em dois períodos de tempo. No primeiro, os trabalhadores escolhem o salário monetário pelo qual trabalharão no segundo. Eles tomam essa decisão sem saber qual será o nível de preços no segundo período. No início deste o banco central escolhe a taxa de crescimento da oferta monetária e a consequente taxa de inflação. A seguir os empregadores escolhem o nível de empregos.

O banco central controla a taxa de inflação indiretamente por meio do controle do crescimento de oferta monetária. Embora a ligação causal entre crescimento da oferta de moeda e inflação não esteja bem assentada entre os economistas, adotaremos uma posição monetarista extrema e consideraremos que toda inflação de preços é causada pelo crescimento da oferta monetária. Evidência em favor de uma relação entre crescimento da oferta de moeda e inflação pode ser encontrada no levantamento de dados de diferentes países. Em razão da ligação causal presumida, consideraremos, daqui em diante, que o Banco Central escolhe a taxa de inflação diretamente.

4.3.1.2 - Estratégias

Uma estratégia para os trabalhadores consiste em um salário monetário. Uma estratégia para o Banco Central consiste em uma política de inflação. Uma estratégia para os empregadores consiste na regra de emprego.

O fato de que a taxa de inflação pode depender do salário selecionado pelos trabalhadores torna-se uma importante razão para o mau desempenho do Banco Central nesse jogo.

4.3.1.3 - Recompensas

Trabalhadores são maximizadores de utilidades que valorizam ambos, renda real e lazer. Para um dado salário real, emprego crescente resulta em renda real do trabalhador crescente, mas em lazer decrescente. Utilidade marginal decrescente, tanto para a renda como o lazer, implica que para qualquer salário real, há um nível maximizador de utilidade do trabalho ofertado.

Consideremos que os trabalhadores queiram minimizar a diferença entre o nível de emprego eventualmente escolhido pelos empregadores e o nível de emprego maximizador de utilidade.

O objetivo do Banco Central é simples. Ele tem valores de metas para emprego e inflação, e quer direcionar os respectivos índices de emprego e inflação para as suas metas usando seu único instrumento de política, a política de inflação. Na função recompensa do Banco Central, a importância relativa que o Banco atribui à meta de nível de emprego em relação à meta de inflação é determinada pelo peso maior dado à meta de inflação e menor à meta de nível de empregos.

Empregadores querem minimizar a diferença entre o nível de emprego e o de emprego maximizador de lucro.

O mercado de trabalho está em equilíbrio quando a quantidade de trabalho ofertada equivale à quantidade de trabalho demandada. O nível de emprego nesse salário real de equilíbrio é o nível natural de emprego. Poderíamos esperar que, quando o mercado de trabalho está em equilíbrio, ninguém está desempregado. Mas isso não é correto. Mesmo quando o mercado de trabalho está em equilíbrio, alguns trabalhadores continuarão a procurar empregos que paguem mais do que lhes foi oferecido até então. Esses trabalhadores estão voluntariamente desempregados e seu desemprego é denominado *desemprego friccional*. Resta uma importante questão aberta: uma moderna economia competitiva pode ter um equilíbrio macroeconômico no qual o emprego está abaixo do nível natural? Em tal equilíbrio, alguns trabalhadores estariam dispostos a aceitar qualquer trabalho que pague o salário real corrente, e ainda assim os empregadores não os contratariam. Esses trabalhadores estariam involuntariamente desempregados.

4.3.1.4 - Equilíbrio

Por se tratar de um jogo dinâmico com informação perfeita é possível determinar o equilíbrio perfeito em subjogos utilizando do método de indução retroativa[201].

---

201 Sobre indução retroativa: *"Um procedimento que propomos para selecionar entre vários equilíbrios de Nash é a **indução retroativa** ou reversa. Esse procedimento*

Os empregadores movem-se por último. Dado o salário monetário escolhido pelos trabalhadores e a taxa de inflação escolhida pelo Banco Central, a estratégia maximizadora de lucro do empregador maximiza sua função recompensa para a única variável a qual tem algum poder discricionário. É fácil ver que o nível ótimo de emprego é igual ao produto da elasticidade da demanda de trabalho pela diferença entre a taxa de inflação e o salário monetário. Trata-se da função de emprego agregada.

O Banco Central move-se em segundo lugar. Sua estratégia ótima maximiza sua função de recompensa, isto é, ele escolhe a taxa de inflação de modo a minimizar a oferta de emprego agregada.

Os trabalhadores fazem o primeiro movimento. A escolha do contrato salarial depende de suas previsões sobre taxas de emprego e inflação. As previsões de inflação

---

tem seis etapas: 1. Comece pelos nós terminais do jogo e trace os caminhos de cada um até seu nó predecessor imediato, que será um nó de decisão para algum jogador. Esses nós de decisão podem ser "triviais", "básicos" ou "complexos". O básico é aquele em que cada um dos ramos leva a exatamente um nó terminal. Um nó básico com apenas um ramo é trivial e aquele que não é básico é complexo. Se você alcançar um nó de decisão trivial, continue a subir pela árvore até alcançar um nó de decisão complexo ou um básico não trivial ou não poder mais seguir adiante. 2. Determine o movimento ótimo em cada nó de decisão básico lançando na etapa 1 comparando as recompensas que o jogador obtém em cada nó terminal alcançado a partir desse nó de decisão. Observe que todo caminho entre um nó de decisão básico A e um nó terminal B começa em um único ramo de A. O ramo que leva à recompensa mais alta para o jogador é o movimento ótimo a fazer naquele nó. 3. Apague todos os ramos não ótimos que se originam de cada um dos nós de decisão básicos que examinou na etapa 2. Cada um deles torna-se trivial. 4. Agora você tem uma nova árvore do jogo mais simples do que a original. Se na etapa 1 você chegou à raiz da árvore, então seu trabalho terminou. 5. Se ainda não chegou à raiz, volte à etapa 1 e comece tudo de novo. Desse modo você avança etapa por etapa em direção à raiz. 6. Para cada jogador, reúna as decisões ótimas em cada um dos nós de decisão dele. Essa coleção de decisões constitui a estratégia ótima desse jogador para o jogo." in BIERMAN, H. Scott. Teoria dos jogos: Tradução Arlete Simille Marques. Ed. 2ª. Editora Perason Prentice Hall, 2011, p. 119.

denominam-se expectativas de inflação na literatura macroeconômica. Qual é a previsão de inflação que os trabalhadores devem usar? A racionalidade manda que os trabalhadores determinem suas expectativas olhando à frente e prevendo a taxa de inflação que será gerada pela política de inflação ótima do Banco Central.

Se os trabalhadores comportam-se desse modo, diz-se que eles têm expectativas racionais de inflação.

Sempre que a meta de emprego do Banco Central é estritamente positiva, ele não consegue cumprir nem esta meta nem a de inflação. Essa incapacidade de alterar o nível de emprego é um resultado muito importante desse modelo. Uma vez que as expectativas de inflação dos trabalhadores se revelam corretas, diz-se também que esse equilíbrio caracteriza-se pela previsão perfeita, que decorre de termos adotada a premissa de que não há incerteza. Quando esta existe, as expectativas de inflação dos trabalhadores estão corretas na média e são denominadas previsões não enviesadas.

4.3.1.5 - Um exemplo numérico

Um exemplo numérico torna a compreensão da inconsistência intertemporal mais clara. Suponha que o Banco Central estabeleça uma meta de 2% para a taxa de inflação e outra para o nível de empregos de 2% acima do nível natural de emprego, e que ambas têm pesos iguais. Isso significa que a taxa de inflação = 0,02, nível de emprego = 0,02 e a importância relativa que o Banco Central atribui à meta de nível de emprego em relação à meta de inflação é dado pela constante exógena $\mu = 1$. Suponha também que a elasticidade da demanda de trabalho em relação ao salário seja igual à unidade, ou $\eta = 1$. Podemos representar a função recompensa do Banco Central em duas dimensões (emprego e inflação) desenhando linhas de contorno associadas a diferentes níveis de recompensa. As linhas de contorno são as curvas de indiferença da instituição. Quanto menor o raio da linha de contorno, maior a recompensa. A mais alta ocorre, obviamente, nos valores das metas, de inflação e nível de empregos.

O Banco Central anuncia ambas as metas na mídia nacional. Se os trabalhadores acreditarem ingenuamente nesse anúncio, isto é, meta de inflação esperada de 0,02, então firmarão contratos para salários de valor nominal correspondente a tal meta, 0,02. Se a instituição mantiver sua promessa e segurar a taxa de inflação em 2%, os empregadores responderão de acordo com a função de emprego agregada e a economia estará no nível natural de emprego.

O problema desse resultado é que, embora o Banco Central possa prometer que manterá a inflação em 2%, tão logo os trabalhadores estabeleçam o salário nominal em 0,02, não será racional que a promessa seja mantida. Ela apresenta uma inconsistência intertemporal. Se o Banco Central cumprisse o que prometeu, estaria sobre o círculo de indiferença. Os círculos de indiferença mais próximos do ponto central dos círculos de indiferença estão associados a recompensas mais altas. Visto que ele só pode controlar a taxa de inflação e tem de esperar que os empregadores estabeleçam o emprego, o Banco Central está restrito a induzir uma combinação de taxa de inflação/emprego ao longo da linha de emprego agregada. O círculo de indiferença com recompensa "mais alta" que ele pode atingir sujeito à restrição da curva de oferta agregada é denominado IC-2. O Banco Central pode terminar nesse círculo escolhendo uma taxa de inflação de 3% e esperando que os empregadores determinem o emprego igual a 0,01. Portanto, a economia terminará no ponto C, tangenciando a curva de oferta agregada IC-2, mais próximo ao centro das curvas de indiferença. Isso significa que o salário real no período 2 será mais baixo do que os trabalhadores pensaram que seria quando iniciaram as negociações do salário monetário. Os empregadores responderão ao salário real mais baixo contratando acima do nível natural de emprego.

No nível natural de emprego e salário de equilíbrio, os trabalhadores estão maximizando sua utilidade e os empregadores seus lucros, com base em suas previsões do nível de preços. Porém, uma vez fixado o salário monetário, o empregador está livre para alterar o nível de emprego e os trabalhadores têm de concordar com esse nível e proporcioná-lo. Esses são os termos contratuais. Quando o emprego está acima do nível natural, os trabalhadores estão fornecendo mais trabalho a um salário real mais baixo do que inicialmente esperavam. Ao contrário, quando o emprego está abaixo do nível natural, eles estão fornecendo menos trabalho a um salário real mais alto do que inicialmente esperavam. Em ambas as instâncias eles se arrependem do contrato que assinaram voluntariamente com os empregadores no período 1. Quando os trabalhadores são ingênuos, o Banco Central pode causar um impacto sobre o nível de emprego.

Como a promessa que o Banco Central faz de que manterá a inflação mais alta do que essa, os trabalhadores não devem acreditar no que a instituição anuncia. As únicas promessas nas quais devem acreditar são as que realmente serão cumpridas. Essas se limitam a combinações entre inflação e emprego para as quais as curvas de indiferença do Banco Central são tangentes à função de oferta agregada dos empregadores. No exemplo em questão, há apenas um ponto como esse, já citado anteriormente. Se o Banco Central prometesse estabelecer uma taxa de inflação de 4% e os trabalhadores acreditassem nisso, então o salário nominal seria definido em 0,04. A curva de oferta agregada sob a premissa de salário nominal de 0,04 é uma linha ascendente. O melhor que o Banco Central pode fazer, dada a curva de oferta agregada, é estabelecer uma taxa de inflação de 0,04 – exatamente o que os trabalhadores esperavam. Nesse caso, os empregadores escolheriam o nível natural de emprego. O equilíbrio perfeito em subjogos é o nível natural de emprego com uma taxa de inflação de 4%.

Portanto a promessa do Banco Central de manter a inflação em 4% é crível. Assim, ele terá de se resignar a superestimar 2% de sua meta de inflação e subestimar 2% de sua meta de emprego. Esse resultado é o único consistente com o comportamento racional da parte de todos os jogadores. Do ponto de vista do Banco Central, isso resulta em uma recompensa significativamente pior do que ele poderia ter obtido se pudesse ter-se comprometido a manter uma taxa de inflação de 2%.

O resultado inflacionário do jogo simples de política que acabamos de discutir resulta em parte da incapacidade do Banco Central de fixar sua política de expansão monetária antes de os trabalhadores e empregadores concordarem com o salário monetário. O Banco Central poderia cumprir sua meta de inflação (embora não a de emprego), se os trabalhadores pudessem ter certeza de que a escolha de tal nível de inflação fosse do melhor interesse da instituição. Isso significa que as recompensas do jogo teriam de ser alteradas de modo que escolher uma política de inflação baixa seria uma estratégia de equilíbrio para o novo jogo. Como exemplo poderia se supor que os membros do Conselho Diretor do Banco Central propusessem renunciar se a taxa de inflação ultrapassasse a meta anunciada. Com isso, seria do interesse da instituição não ultrapassar tal meta. Em resumo, o que se deveria buscar seria um compromisso crível de não descumprimento da meta de inflação por parte do Banco Central.

4.3.2 – Modelo de moedas múltiplas: interação em jogo entre bancos privados, empregadores e empregados na definição de segmentação de mercado, taxa de câmbio reajuste salarial

4.3.2.1 - Apresentação da teoria

Em linhas gerais, na proposta defendida na obra "A desestatização do dinheiro", Hayek defende como postulado básico, inicialmente a adoção, pelos governos de uma política de aceitação irrestrita de moedas de outros países em negócios firmados em seu território. Seria a abolição do conceito jurídico de "moeda de curso forçado"[202].

Contudo, não termina aí sua proposta. Defende a generalização do postulado básico, que seria a liberalização da emissão de moedas por instituições financeiras privadas. Em resumo, cada instituição financeira que decida investir em tal mercado, criaria sua própria moeda com total liberdade para emiti-la e lançá-la no mercado cambial e de moedas. Em sua proposta, defende o fim do monopólio estatal na emissão de moedas, entregando ao setor privado a emissão e colocação em circulação de moedas próprias que teriam seus valores de mercado determinados, única e exclusivamente, pelas leis da oferta e da demanda[203].

---

[202] HAYEK, Friedrich A. A desestatização do dinheiro. Editora Instituto Ludwig von Mises. São Paulo, 2011, p. 25.
[203] Idem, p. 29.

Assim, os bancos que se propusessem a tal empresa, teriam como principal objetivo manter o poder de compra de sua moeda para que esta se torne atrativa no mercado e passe a ser demandada. A forma como os bancos a colocariam no mercado seria através de venda direta do seu próprio papel moeda no mercado de moedas e através de concessão de empréstimos a curto prazo em sua moeda[204].

Admite o autor a coexistência de mais de uma moeda diferente em um mesmo país. O valor de cada uma delas seria dado a partir do valor de bens de referência, onde este mesmo bem serviria como referencial para a determinação da taxa de câmbio entre essas moedas[205].

A colocação de várias moedas em circulação em um mesmo território, permitiria que, no âmbito do mercado de moedas, os agentes econômicos optassem pela moeda com mais poder de compra. Em um mercado de concorrência perfeita, as moedas com oferta ampliada em relação à demanda, incluindo as governamentais, acabariam por se extinguir. Nas palavras da mais radical doutrina econômica neoclássica, o mercado se encarregaria de expurgar os incompetentes em regular o poder de compra de sua moeda[206].

Esta é, em linhas gerais, a posição adotada pelo autor da escola austríaca em sua proposta de desestatização do dinheiro.

4.3.2.2 - Construção do modelo

Considerando tais premissas, propomos um modelo hipotético de um Estado imaginário, Morgouse, onde

---

204 Idem, p. 55.
205 Idem.
206 HAYEK, Friedrich A. A desestatização do dinheiro. Editora Instituto Ludwig von Mises. São Paulo, 2011, p. 56.

vigoraria o modelo de moedas múltiplas. Em nosso Estado imaginário, teríamos somente três bancos: A, B e C, que ofertariam, cada um, sua própria moeda. Limitamos a três bancos para facilitar a construção do modelo. Também neste modelo consideraremos os agentes econômicos trabalhadores e empregadores.

Assim, temos como agentes econômicos os bancos A, B e C; os trabalhadores e os empregadores.

O Estado *Morgouse*, difere do modelo anterior por possuir três bancos cada um deles com uma moeda distinta. Assim, o banco A tem a moeda **aurium**, o banco B tem a moeda **pratium**, e o banco C tem a moeda **bronzium**.

Para efeito do nosso modelo, como somente há três bancos emissores de moeda, e como no contexto de um jogo os bancos tendem a definir suas estratégias não de forma isolada mas sim com base em acordo ou compromisso prévio, decorrente da melhor estratégia para todos. Assim, o jogo em questão é um jogo cooperativo.

O acordo ou compromisso entre os bancos seria no sentido de segmentação de mercado. Desta forma, os bancos decidem em comum acordo a dividir o mercado e desta forma cada um atingirá sua melhor estratégia no contexto do jogo.

Diante disso, o banco A define, em comum acordo com os outros dois bancos, que sua estratégia de segmentação de mercado será no sentido de atingir o público-alvo de maior poder aquisitivo. Emitirá então a moeda aurium para ser utilizada por clientes de alto poder aquisitivo sendo tal moeda de emissão rigidamente limitada em sua quantidade e completamente de acordo com o segmento visado. Em razão disso, a moeda **aurium**, por conta da baixa quantidade moeda em circulação, seu valor é o maior em relação às outras duas moedas quando avaliado a taxa de câmbio entre elas.

O banco B define, em comum acordo com os outros dois bancos, que sua estratégia de segmentação de mercado terá como público-alvo o segmento de classe média. Isso englobaria uma camada da sociedade que abarcaria desde servidores públicos, profissionais liberais, pequenos e médios empresários e alguns trabalhadores privados com salários dentro da média nacional. A quantidade de moeda *pratium* colocada em circulação, para que esta supra o segmento do mercado em questão, será maior que a moeda aurium, pois a quantidade de pessoas que demandam tal moeda seria maior que a primeira, não obstante seja menor que a moeda do banco C.

O banco C define, em comum acordo com os outros dois bancos, que sua estratégia de segmentação de mercado terá como público-alvo o segmento dos trabalhadores assalariados. Tal banco teria uma quantidade maior de moeda para pôr em circulação para suprir a demanda deste setor que abarca uma quantidade muito maior de pessoas.

Diante disso, podemos definir, para efeito da análise do modelo imaginário em questão, uma correlação de poder de compra entre as moedas em questão na seguinte ordem:

1 aurium = 600 pratium = 2000 bronzium

Tais valores decorrem da correlação hipotética de poder de compra entre as moedas e tem objetivo de melhor representar a taxa de câmbio entre elas.

Os agentes econômicos em questão, os bancos os trabalhadores e os empregadores, se dividem dentro dos respectivos segmentos de mercado, tendo a moeda mais forte o papel de servir de meio de troca, unidade de valor e meio de reserva de valor do segmento que abarca tanto os bancos como os empresários com maior poder aquisitivo. Estes representam, hipoteticamente, 1% da sociedade de *Morgouse*. A classe média em *Morgouse* representa 30% da sociedade total e a classe C, que envolve trabalhadores e demais pessoas que estão fora do mercado de trabalho representa os outros 69% da sociedade do presente Estado.

Com estes percentuais fica claro que ao banco C tem de emitir muito mais quantidade de moeda para suprir a demanda do seu segmento que, no modelo hipotético, representam 69% do universo das pessoas de *Morgouse*. Sendo assim, quando comparada à moeda do banco A, que atende somente 1% do universo de pessoas da sociedade de *Morgouse*, a moeda bronzium estaria em uma razão de 1/69, isto é, para cada uma moeda de aurium, haveria 69 moedas de **bronzium**.

No entanto, a relação entre as moedas não se estabelece a partir de quantidades de papel-moeda circulante, não obstante a quantidade seja relevante para determinar, entre elas, quem tem mais poder de compra. A relação entre elas é determinada a partir da taxa de câmbio. Assim, a taxa de câmbio entre as moedas aurium e bronzium é determinante para o presente experimento.

A moeda ***pratium*** tem uma taxa de câmbio relativamente eficiente em relação ao ***aurium***. Não obstante a diferença substancial entre elas, como a moeda aurium tem como objetivo atender o segmento das pessoas de alto poder aquisitivo da sociedade *morgouziana*, esta se restringe a transações interbancárias e a atender a investimentos vultosos interempresas, bem como a servir de meio de reserva de valor deste mesmo público-alvo. Assim, as moedas que realmente circulam no dia a dia da sociedade *morgouziana*, são as **pratium** e a **bronzium**.

Poderia se questionar do porquê da relação entre as moedas **aurium** e **bronzium** ser relevante para o presente experimento já que, conforme acima exposto, as moedas de circulação em maior escala são as moedas **pratium** e **brozium**. A relação entre as moedas **aurium** e **bronzium** é relevantes para o presente experimento porque são exatamente os dois extremos determinantes da variação cambial, que se projetam sobre os custos marginais sociais e que, em consequência, confirma a hipótese de que o critério de eficiência, no âmbito da política monetária, por si só, não é apto como parâmetro para determinar o modelo de controle de emissão de moeda, se como monopólio estatal ou emissão privada.

4.3.2.3 – O mercado oligopolizado

O mercado em questão é um mercado oligopolístico porque cada agente econômico define o preço do seu produto, a moeda, para seu segmento de mercado. Isto é, os bancos são mais formadores de preços do que tomadores de preço no mercado de moedas.

Como é sabido, um mercado é considerado oligopolístico quando apenas poucos vendedores oferecem produtos similares ou idênticos.

Consideramos que o mercado é oligopolístico porque, como dito acima, há poucas empresas no mercado (três, os bancos A, B e C). Embora os três ofereçam moedas, não fornecem para o mercado a mesma moeda. Cada um dos bancos oferece ao mercado um produto diferenciado, vinculado a um público específico. Em outras palavras, oferecem produtos similares.

Assim, ao se analisar em um primeiro momento o mercado sob a perspectiva de oligopólio é preciso observar que estes agentes econômicos interagem de forma estratégica, o que os coloca em uma situação de jogo.

Em um mercado perfeitamente competitivo, os preços são determinados pela relação entre oferta e demanda e o que ocorreria, caso tal mercado hipotético estivesse em situação de concorrência perfeita, naturalmente uma única moeda prevaleceria, pois, no contexto da oferta e procura, a moeda mais atrativa para o mercado suplantaria as outras e adentrar-se-ia em uma situação de mercado monopolístico.

Em resumo, o equilíbrio econômico só se atinge em tal mercado a partir de uma interação estratégica. Tal interação decorre de situação na qual a decisão de um indivíduo depende da reação dos outros indivíduos a esta decisão.

Assim, o lucro do banco A, não depende exclusivamente da quantidade de moeda posta em circulação por ele, mas também de quantas moedas os bancos B e C colocam em circulação. Em resumo, a taxa de câmbio passa a ser determinante para todos os três bancos. Mesmo que o banco A determine que a sua moeda aurium tenha uma quantidade fixa de ε, visando manter o poder de compra da moeda, sua decisão depende da política monetária que o banco B tomará em relação à oferta da moeda pratium, como também dependerá da tomada de decisão de política monetária do banco C em relação à oferta de moeda bronzium.

Também as decisões tomadas pelo banco A em relação a sua política de oferta de moeda influencia a tomada de decisão dos bancos B e C, tanto no que diz respeito à conversibilidade de suas moedas para a moeda aurium, que é a moeda de negociações interbancárias, como em relação à política de oferta de suas próprias moedas, pois um aumento de oferta da moeda aurium provocaria o aumento do valor das outras duas em relação a esta, seus empréstimos a curto prazo se tornariam mais caros e o risco de inadimplência se tornaria maior. A perda súbita de poder de compra de uma moeda pode provocar uma perda de confiança em relação àquela instituição financeira, o que pode, dependendo do grau de perda de confiança, gerar uma corrida bancária e um risco para todo o sistema financeiro.

As decisões tomadas pelos bancos B e C em relação à oferta de suas respectivas moedas influenciam o comportamento do banco A em relação à política monetária deste. Ao tomar uma decisão em um oligopólio, cada empresa deve considerar como essa decisão pode afetar as decisões de produção de todas as outras empresas.

A estratégia de segmentação do mercado adotada pelos bancos A, B e C para que todos atinjam o ótimo em seus negócios é, na verdade, um conluio entre eles, que se organizam como um cartel. Diante disso, ao firmarem o conluio e organizarem o mercado na forma de cartel, os bancos buscam simplesmente maximizar o lucro total que podem obter no mercado.

Há um acordo em relação ao nível total de emissão de moedas bem como em relação à quantidade de moedas de cada banco circulando.

4.3.2.4 – O jogo dinâmico com estratégias contínuas: O jogo do duopólio de Stackelberg[207]

O equilíbrio de Nash no presente jogo pode ser verificado a partir do modelo de jogos dinâmicos com estratégias contínuas: o jogo do duopólio de Stackelberg.

No presente modelo, consideraremos somente os bancos A e C como duopolistas. Não obstante a segmentação

---

[207] Todo o presente subtítulo foi adaptado do exemplo do jogo em questão - suprimindo-se as fórmulas matemáticas mas adaptando-as para entendimento - retirado da obra: "BIERMAN, H. Scott. Teoria dos jogos: Tradução Arlete Simille Marques. Ed. 2ª. Editora Perason Prentice Hall, 2011, p. 128 a 132.

como estratégia do conluio, eles vendem exatamente o mesmo produto, moeda, no mesmo mercado. Ambos são empresas privadas fornecedoras de moeda para a sociedade de Morgouse que não possui um banco central e uma moeda nacional. Eles constituem os jogadores estratégicos no jogo e devem decidir a quantidade de moeda que colocarão no mercado. Denotaremos a escolha do banco A por QA e a do banco C por QC. A seguir o preço da moeda é determinado pelo "mercado", de modo a igualar a quantidade fornecida à demandada pelos consumidores. Visto que ambas as empresas produzem um produto homogêneo, recebem o mesmo preço por ele. A emissão e medida em milhões por ano, o preço é cotado com base em bem de referência conforme exposto e o lucro é contabilizado com base na cotação da moeda no mercado monetário.

A tecnologia de emissão de moedas requer que a empresa estabeleça níveis de produção/emissão e contrate dos fornecedores insumos (que podem ser inclusive, em caso de moedas virtuais, empresas de tecnologia que produziriam tais moedas) os recursos necessários para cumprir a meta de produção/emissão. Antes de contratar os insumos, mudanças na produção serão proibitivamente caras. O gerenciamento do banco A é melhor e a empresa pode fechar contratos com fornecedores de insumos antes do banco C. Portanto, o banco A pode efetivamente determinar sua meta de produção/emissão antes do concorrente. Esse fato é de conhecimento comum. Além do mais há vazamentos de informações suficientes na empresa de modo que, uma vez determinada uma meta de produção/emissão ela imediatamente passa a ser de conhecimento comum. Portanto, a ordem do jogo é: o banco A escolhe a produção/emissão em primeiro lugar; isso é observado pelo banco C, que então escolhe sua produção/emissão.

Uma estratégia para o banco A pode ser representada por um número positivo QA. Uma estratégia para o banco C é mais complicada. Consiste em uma função QC (QA), com domínio e contradomínio representados pelo conjunto dos números reais positivos. Cada resultado da função QC (QA) dá uma possível resposta do banco C para cada movimento inicial possível do banco A.

Concluímos, de forma resumida, nossa descrição do jogo declarando as recompensas. As empresas são maximizadoras de lucros. O lucro para cada empresa é a diferença entre a receita e o custo total.

Ao analisar a função do lucro no presente jogo, é revelado que todos os níveis de produção/emissão acima de uma determinada quantidade de unidades geram prejuízos, não importando qual a produção/emissão é escolhida pelo oponente e, portanto, são estritamente dominadas pela estratégia de não produzir nada, o que garantiria à empresa lucro zero.

Sob muitos aspectos, esse jogo assemelha-se bastante ao modelo de Cournot. A diferença crucial aqui está no fato de que o jogo ocorre sequencialmente, em vez de simultaneamente. Dada a escolha de produção da outra empresa, nenhuma delas pode se sair melhor do que gerar esse nível de produção. Daí as estratégias de buscarem uma produção/emissão igual também serem um equilíbrio de Nash do jogo de Stackelberg.

Há diferenças em relação às duas estratégias que podem ser adotadas pelo banco C e que devem ser entendidas. A primeira é uma estratégia completa para o banco C e diz que, independentemente da produção/emissão escolhida pelo banco A, o banco C escolherá uma produção que corresponde à razão entre o nível máximo de produção e o custo total. A segunda é uma estratégia incompleta segundo a qual, quando o banco A escolher uma produção conforme a razão acima exposta, o banco C escolherá a mesma produção, mas nada se diz sobre a resposta do banco C a qualquer escolha de produção do banco A.

O problema é que a segunda estratégia proposta pelo banco C implica uma ameaça não crível. Suponha, por exemplo, que o banco A tivesse uma produção de 3. Visto que o banco C pode observar a escolha do banco A, sua única resposta crível é escolher a produção maximizadora de lucros condicionada à escolha pelo banco A de três unidades de produção, e não a razão proposta. Sob essas condições, o banco A obtém um lucro hipotético de 6 e o banco C de 4 é claro que o banco A pode escolher uma produção melhor, de seu ponto de vista, do que a produção em equilíbrio de Cournot, e assim o faz, à custa do banco C. O problema do banco C é que ele não pode se comprometer, de uma maneira crível, com a produção de equilíbrio de Cournot. Por consequência, produções/emissões menores pelo banco A induzirão, na verdade, o banco C a ampliar sua produção emissão.

Quando Stackelberg estava escrevendo sobre esse modelo, ele se referiu à empresa que escolhe sua produção em primeiro lugar como líder do setor e àquela que escolhe sua produção em segundo lugar como seguidora. Visto que o líder em um jogo de Stackelberg tem sobre o seguidor a vantagem de ter se movido primeiro, o que impede o seguidor de mover-se em primeiro lugar e tornar-se líder? Em nosso modelo consideramos que as barreiras eram as dificuldades de contratar insumos. Outro modo de uma empresa conquistar uma posição de liderança seria sua capacidade de inovação no lançamento de novos produtos. Nesse caso, a líder seria uma monopolista no curto prazo que enfrenta a ameaça da entrada de concorrentes. Porém, para manter a liderança de Stackelberg, essa empresa inovadora deverá constatar que o custo de alterar sua produção é proibitivo. Caso contrário, a entrante esperaria uma reação da monopolista à sua entrada e, portanto, não agiria mais como uma seguidora de Stackelberg. Um modo pelo qual a líder poderia fazer com que ficasse muito caro alterar sua própria produção seria firmar contratos de longo prazo com fornecedores e/ou consumidores. Tais obrigações contratuais reduzem a flexibilidade da líder e tornam mais crível que ela não alterará sua produção em resposta à entrada.

No modelo hipotético, tal foi a estratégia adotada pelo banco líder, banco A, ao oferecer empréstimos mesmo que seja a curto prazo e firmar contratos com os outros bancos para transações interbancárias. Utilizando sua moeda ele garante para os outros dois bancos um compromisso crível de que não mudará sua política de preços, o que já pode ser uma sinalização para os outros dois que ele se manterá na posição de líder e que os outros podem assumir seus segmentos no mercado sem interferência do banco A.

Com isso, a competição de Stackelberg é mais provável quando a tecnologia está madura e a demanda é estável (como no nosso modelo) e muito menos provável quando a tecnologia muda rapidamente ou quando a demanda é altamente variável (jogos de computador).

4.3.2.5 – O problema dos custos marginais sociais

Hayek defende que a desestatização do dinheiro e a emissão de moedas múltiplas permitiriam a estabilidade do valor real da moeda em relação ao seu valor nominal. Tal estabilidade monetária produziria uma segurança no tráfico comercial, independente do valor que cada uma dessas moedas possuísse uma em relação às outras (taxa de câmbio).

A moeda estável, sem perda de seu valor real em relação ao seu valor de face (valor nominal) seria o único fator relevante para determinar a eficiência do mercado monetário. O pressuposto básico para tal compreensão seria o aspecto da fidúcia, que é conceito central para determinação de algo como moeda. Muito embora as características básicas da moeda sejam a possibilidade de ser amplamente aceita como unidade de conta, reserva de valor e meio de troca, todas se fundam no aspecto básico da fidúcia. A moeda só pode ser moeda se é amplamente aceita como tal, ou seja, se todos confiarem em seu valor e que efetivamente o valor de face é o válido.

Sendo assim, a instabilidade de valor de uma moeda faria com que esta perdesse seu elemento básico, constitutivo de seu cerne como moeda, a confiança de que ela servirá para quitar os débitos assumidos ou servir para a aquisição de bens. Moedas estáveis são necessárias para a segurança jurídica das relações econômicas.

Com base nesta premissa, Hayek defende que se, para garantir a estabilidade do meio circulante e, por consequência, a eficiência do sistema financeiro como um todo, for necessário privatizar a emissão de moeda para lhe garantir a estabilidade de valor, então que seja feito.

No entanto, a eficiência atrelada à ideia de estabilidade monetária, por si só, não garante um estado de bem-estar. Conforme o modelo apresentado, foi possível vislumbrar que em um sistema complexo como monetário, a tendência natural seria o mercado se estruturar na forma de um oligopólio e não em um mercado de concorrência perfeita.

Ao se organizar na forma de um mercado oligopolístico, o que de fato ocorre é a externalização de custos. Custos marginais sociais que sequer foram considerados na proposta apresentada por Hayek. Vejamos agora quando entra em jogo o interesse de outros grupos que não apareceram anteriormente, como os trabalhadores e empresários, dentro de um cenário de moedas múltiplas e mercado monetário segmentado.

4.3.2.6 - Trabalhadores, empresários e comerciantes no cenário de moedas múltiplas e mercado segmentado

Trabalhadores, assim como empresários e comerciantes, dependem da estabilidade da moeda como segurança para suas negociações futuras. Uma moeda estável, sem oscilações substanciais com relação ao seu valor real e nominal, traz previsibilidade tanto para quem recebe salário, quanto para quem determina o nível de emprego. Diante desta constatação, é inegável que a proposta de moedas múltiplas, tendo como objetivo principal dar previsibilidade e segurança no mercado, é tentadora.

Contudo, ao estabelecer a estabilidade monetária como premissa central para a desestatização do dinheiro e a criação de moedas múltiplas, ao que parece, não se sustenta. Com efeito, a estabilidade nas relações econômicas e a previsibilidade são valores que se concretizam em uma determinada sociedade não apenas a partir da estabilidade da moeda. É reconhecido que há outros elementos de cunho eminentemente jurídico que visam concretizar a previsibilidade e estabilidade nas relações econômicas.

O ordenamento jurídico de um Estado tem como pressuposto básico garantir a segurança jurídica para todos os jurisdicionados daquele Estado. A legislação contratual, de propriedade, os direitos fundamentais e as leis de responsabilidade civil e penal, bem como os instrumentos normativos regulatórios das mais diversas atividades econômicas têm como pressuposto básico garantir previsibilidade às decisões, acontecimentos e comportamentos no âmbito deste Estado.

Assim, ao observar que a proposta de moedas múltiplas e a desestatização do dinheiro produziriam como que num passe de mágica o melhor dos mundos possíveis onde a previsibilidade da cotação das moedas seria condição necessária e suficiente para a previsibilidade das demais decisões e comportamentos, ao que parece, soa um tanto ingênuo.

No contexto apresentado no modelo, os trabalhadores seriam "consumidores" da moeda popular bronzium. Tal moeda, como já tratado acima, seria a moeda com maior quantidade circulante, o que teria como consequência sua cotação muito abaixo da moeda aurium, utilizada pelos "consumidores" de alto poder aquisitivo.

Não obstante a moeda bronzium mantenha o seu valor relativamente estável em relação ao bem de referência, isso não significa que seu poder de compra seja o mesmo da moeda aurium. Isso pode ser constatado na prática. Enquanto um determinado bem custaria na moeda bronzium 2.000,00, na moeda aurium custaria 1,00.

Diante disso, no modelo hipotético, o trabalhador não teria acesso a uma séria de bens em razão das restrições orçamentárias decorrentes da própria cotação da sua moeda. Também é importante cogitar a respeito das poupanças realizadas na moeda bronzium em relação a moeda aurium. Mesmo que houvesse uma única taxa de juros remuneratórios às poupanças, não importando em que moeda fosse aplicada, ainda assim, os ganhos dos trabalhadores seriam menores do que os dos empresários que se vinculassem a moeda aurium. Seria como a corrida entre a tartaruga e a lebre, não importando que fosse dada uma dianteira para a tartaruga, a lebre sempre vencerá a corrida simplesmente pelo fato de ser mais muito mais rápida.

Com isso, os ganhos concernentes aos juros de poupança aplicados sobre a moeda bronzium, mesmo que fossem os mesmos aplicados ao aurium e pratium no final da corrida, estes estriam muito mais a frente daquele em termos de poupança. Lembremos que no modelo, o banco C, embora emita a moeda bronzium, realiza seus investimentos na moeda aurium, garantindo assim seus lucros na moeda mais forte.

Também é possível pensar que, por hipótese, se considere que o salário do trabalhador, medido na moeda bronzium, seja de 2.000,00, o que evidenciaria que o empresário que tivesse como sua moeda corrente o aurium, e tivesse 10 funcionários em sua empresa, necessitaria de 10 aurium para pagar toda sua folha de pagamento. Suponhamos ainda que, por hipótese, a taxa de juros da poupança seja a mesma para todos os três Bancos, em torno de 2% ao mês. Se o empresário tem em sua conta no banco A, aplicado na poupança, 1.000 aurium, somente com metade do rendimento de sua poupança, pagaria toda sua folha de pagamentos enquanto seus funcionários, para conseguirem obter um rendimento que equivalesse a uma unidade da moeda de seu chefe, precisariam de anos de rendimento.

O argumento da eficiência econômica decorrente da estabilidade da moeda também não nos parece razoável. Em primeiro lugar porque, conforme delineado no modelo, os bancos se organizaram na forma de oligopólio, o que por si só afasta o argumento de eficiência econômica já que, monopólios, oligopólios e competição monopolísticas são estruturas de mercado ineficientes. Poder-se-ia objetar que a constituição de um oligopólio foi uma premissa imposta arbitrariamente no modelo, o que significaria que, na prática, os bancos poderiam se organizar em concorrência perfeita.

Contudo, segundo a concepção proposta por Hayek, o que ocorreria seria que os bancos que emitissem moedas ineficientes seriam excluídos do mercado. Em resumo, na sua concepção, a mão invisível do mercado promoveria a seleção natural dos bancos que demonstrassem eficiência na manutenção da estabilidade de sua moeda, excluindo aqueles que fossem ineficientes.

Ora, como decorrência de sua própria concepção, ou o mercado tenderia para uma estrutura monopolística ou aqueles que se mantivessem constituiriam uma estrutura oligopolística para sua sobrevivência pessoal ou mesmo para a sobrevivência do próprio mercado financeiro ante o risco sistêmico decorrente de quebras bancárias constantes decorrentes da "ineficiência" dos que não se mantivessem no mercado.

Também importa analisar tal proposta sob a perspectiva da justiça social. Segundo Rawls, o critério de eficiência, por si só, não é um critério apto a dar conta de uma teoria da justiça. Há que se considerar também, além dos problemas de eficiência, os problemas de coordenação e de estabilidade. Como se vê, a eficiência envolve a alocação de recursos e por si só não resolve de maneira unilateral os problemas de estabilidade e coordenação[208].

Como consequência da construção do modelo, percebe-se que surgiram problemas de coordenação e também de alocação eficiente de recursos escassos que a simples adoção de moedas múltiplas privadas não conseguiu solucionar. A defesa da mera "estabilidade", tendo como preço a ser pago a solução do problema de coordenação e o

---

208 RAWLS, John. Uma teoria da justiça: tradução Almiro Pisetta. Ed. 2ª. Editora Martins Fontes. São Paulo, 2002, p. 6.

critério básico de uma sociedade na concepção de justiça de Rawls, a liberdade igual, não parece razoável, como teoria defensável, a proposta de moedas múltiplas[209].

Em resumo, o que se verifica é que haverá um recrudescimento das desigualdades sociais. Não obstante o modelo de moedas múltiplas aparentemente reduza os custos de transação, na verdade, o que se depreende é que há uma externalização dos custos transacionais transformando-os em custos sociais que o próprio modelo de sistema de moedas múltiplas não consegue internalizar.

4.4 – Monopólio necessário ou entidade regulatória necessária?

Diante da reflexão realizada a partir da hipótese de um Estado com moedas múltiplas privadas sem qualquer interferência estatal e da constatação de sua inviabilidade decorrente da ineficiência do mercado e da geração de uma série de custos sociais "indesejados", surge a questão de se saber se o modelo de monopólio estatal da emissão de moeda é necessário ou contingente.

Se há a constatação de que o monopólio é contingente, surge a questão de se analisar possíveis cenários onde o Estado, ao invés de monopolizar a emissão de moeda, atua indiretamente no mercado, ou como regulador ou como concedente. Tais possibilidades implicariam diferentes formas de atuar juridicamente sobre a emissão de moeda, desde atividade de polícia administrativa, caso fosse entendida a atividade como serviço público, ou atuando como ente regulador, caso entendida como atividade econômica.

---

209   Idem, p. 12.

4.5 – Crítica

Conclui-se a presente reflexão afirmando que se propôs uma análise econômica do modelo proposto de moedas múltiplas em contraposição ao modelo de atual de monopólio estatal de emissão de moedas. Constata-se, a partir das considerações acima, que, não obstante o modelo de monopólio estatal de emissão de moeda produza as ameaças de inconsistência intertemporal e de viés inflacionário, tal modelo ainda é mais razoável sob a perspectiva mais ampla de busca de um ideal de justiça. O modelo de moedas múltiplas, embora valorize a estabilidade monetária, não consegue dar conta dos problemas de eficiência e coordenação, necessários para que se construa uma concepção de justiça enquanto equidade. Quanto ao problema da estabilidade, a simples estabilização da variação do valor real da moeda em relação ao valor nominal da mesma, não esgota o problema da estabilidade. Como foi constatado, problemas de estabilidade são problemas complexos que envolvem uma série de instituições que a simples estabilização da moeda não consegue dar conta.

5 – REGULAÇÃO ECONÔMICA DO MERCADO NA INTERNET: A experiência regulatória brasileira: o PL 2303-2015 e a Lei 12865/13

5.1 – Introdução

A experiência de regulação da moeda digital no Brasil indica a percepção do Estado em relação ao fenômeno de virtualização das relações econômicas. O PL 2303-2015 trata da regulação das moedas digitais, inserindo-a na Lei 12865/13, que trata, dentre outras coisas, dos arranjos de pagamento, sob supervisão do Banco Central. Prevê também a inserção das operações com moedas digitais no controle do Conselho de Controle de Atividades Financeiras (Coaf), conforme previsto na Lei 9613/98, além da aplicação da Lei

8078/90, no que couber, às operações conduzidas no mercado virtual de moedas.

A inserção das moedas digitais na legislação que trata dos arranjos de pagamento, assim como sua inclusão no sistema de controle de lavagem de dinheiro, traz importantes consequências para o reconhecimento das moedas digitais como dinheiro *strictu senso* e, evidentemente, questionamentos acerca da capacidade do Estado de efetivamente exercer o controle e fiscalização sobre as operações financeiras realizadas em moeda digital. A aplicação, no que couber, da legislação consumerista nas operações de mercado realizadas em moedas digitais, também traz desafios aos órgãos de controle das relações de consumo, que até então parecem não ter se defrontado com casos que envolvam a responsabilidade civil de fornecedores de serviços no âmbito da redes de arquitetura distribuída e descentralizada, como a plataforma blockchain do bitcoin.

Sem dúvidas, os desafios à implementação de sistemas de fiscalização e controle aptos a realizar as metas ambiciosas do projeto de lei são evidentes, mas o fato de se abrir o debate no parlamento de proposta de regulamentação das moedas digitais já é, por si só, um avanço. No presente capítulo, procura-se analisar criticamente a proposta brasileira de regulação das transações econômicas em ambiente digital que utilizam como meio de pagamento as moedas digitais.

5.2 – O PL 2303-2015

O PL 2303-2015 se propõe a dispor sobre as moedas digitais e programas de milhagem, inserindo-os na legislação que regula os "arranjos de pagamento", submetendo as atividades que envolvam tais meios de pagamento ao controle e fiscalização do Banco Central. Na justificativa do projeto, argumenta-se, com base em estudo feito pelo Banco Central Europeu, sobre as moedas digitais, que há um risco evidente da ampliação do uso das moedas, em especial para a sua utilização por meio de organizações criminosas, tanto como instrumento de lavagem de dinheiro, bem como meio de pagamento de atividades ilícitas como tráfico de drogas e fraudes. Também enfatizou o risco para a economia popular, em especial nas relações de consumo.

A fim de regular e permitir o controle e fiscalização da utilização das moedas digitais pelos agentes econômicos, o projeto prevê a inserção do conceito de moedas virtuais no inciso I, do artigo 9, da Lei 12.865/13, que define a competência do Banco Central para disciplinar os arranjos de pagamento, incluído neste conceito, as moedas virtuais. Propõe a inserção do § 4º, no artigo 1º, da Lei 9.613/98, incluindo nas operações que, nos termos de instruções emanadas das autoridades competentes, dispensam especial atenção por poderem constituir-se em sérios indícios de crime de lavagem de dinheiro, as operações realizadas com moedas virtuais. Ao fim, propõe a aplicação nas operações financeiras realizadas com moedas virtuais, no que couber, as disposições da Lei 8078/90.

Analisaremos o PL 2303-2015 nas diferentes alterações que se propõe a realizar nos referidos diplomas legais observando em que medida tais alterações se mostram aptas a realizar os objetivos da proposta legislativa. Assim, iniciaremos a análise do projeto a partir da inserção das moedas digitais na categoria de "arranjos de pagamento", criada pela Lei 12.865/13. Analisaremos quais as implicações positivas e negativas de tal inserção, ou seja, em quais pontos o projeto acerta e em quais deixa a desejar. Após isso, analisaremos a alteração da Lei 9.613/98 para inserir as movimentações em moedas digitais no controle do Banco Central. Ao final, analisaremos a proposta de inclusão das operações financeiras realizadas em moeda digital no âmbito de aplicação da legislação consumerista, quais as vantagens e desvantagens de tal inserção.

5.2.1 – A alteração da Lei 12.865/13

A Lei 12.865/13, dentre outras coisas define o conceito de arranjos de pagamento e dispõe acerca de sua adoção, regulação e fiscalização das operações assim realizadas.

No artigo 6º, I, da referida Lei, define-se *arranjos de pagamento* como conjunto de regras e procedimentos que disciplina a prestação de determinado serviço de pagamento ao público aceito por mais de um recebedor, mediante acesso direto pelos usuários finais, pagadores e recebedores. Nos incisos II e III cria as figuras de instituidor de arranjo de pagamentos e instituição de pagamento, sendo ambos pessoas jurídicas. A primeira, responsável pelo arranjo de pagamento e, quando for o caso, pelo uso da marca associada ao arranjo de pagamento. A segunda, pessoa jurídica que, aderindo a um ou mais arranjos de pagamento, tenha como atividade principal ou acessória, alternativa ou cumulativamente: a) disponibilizar serviço de aporte ou saque de recursos mantidos em conta de pagamento; b) executar ou facilitar a instrução de pagamento relacionada a determinado serviço de pagamento, inclusive transferência originada de ou destinada à conta de pagamento; c) gerir conta de pagamento; d) emitir instrumento de pagamento; e) credenciar a aceitação de instrumento de pagamento; f) executar remessa de fundos; g) converter moeda física ou escritural em moeda eletrônica, ou vice-versa, credenciar a aceitação ou gerir o uso de moeda eletrônica; além de outras atividades relacionadas à prestação de serviço de pagamento, designadas pelo Banco Central do Brasil.

A proposta de alteração da Lei não atinge tais artigos mas, propõe a alteração do inciso I do artigo 9º da Lei, que define a competência do Banco Central para disciplinar os arranjos de pagamento. Desta feita, é possível concluir que a proposta não tem objetivo claro, de definir a moeda digital como uma forma de arranjo de pagamento ou se ela é algo estranho ao conceito, mas que deve ser fiscalizado pelo Banco Central.

Ocorre que ao se dirigir à justificativa do projeto de lei, encontramos a afirmação de que: *Deixamos claro no art. 1ª que os "arranjos de pagamento" citados no inciso I do art. 9o da Lei 12.865, de 09 de outubro de 2013 inclui "aqueles baseados em moedas virtuais e programas de milhagens aéreas".*

Assim, o projeto propõe a inclusão da moeda digital na categoria "arranjos de pagamentos", ou seja, operações de pagamento realizadas por meio de moedas digitais seriam, na visão do legislador, arranjos de pagamentos, por força da inclusão no art. 9º, I, da Lei 12865/13, na qual é definida a competência do Banco Central para fiscalizar as operações definidas como tal.

Contudo, a definição de arranjos de pagamento, na Lei 12865/13, se encontra no artigo 6º, I, e, como já colocado, arranjos de pagamentos são *conjunto de regras e procedimentos que disciplina a prestação de determinado serviço de pagamento ao público aceito por mais de um recebedor, mediante acesso direto pelos usuários finais, pagadores e recebedores.* Ao que parece, pelo menos em uma análise sumária do conceito dado pelo legislador, arranjos de pagamento são procedimentos ou práticas, regradas ou disciplinadas por um órgão seja fiscalizador ou regulador prudencial, para disciplinar a prestação de serviço de pagamento ao público. Ou seja, o arranjo de pagamento não é moeda, mas sim, formas ou procedimentos disciplinados para recebê-las. A questão da disciplina da moeda digital, colocada como foi colocada, não esgota a discussão de se estas seriam moedas ou somente meios de pagamento.

Temos então que a simples colocação no art. 9º, I, do termo "moedas virtuais" não resolve o problema, quando muito o amplia, lançando para o aplicador da Lei bem como para o executor, o Banco Central, a responsabilidade de definir se a moeda poderia se entendida como arranjos de pagamentos ou não.

Muito embora tal questão não pareça, em um primeiro momento, de grande monta, ao se colmatar a definição de arranjos de pagamento com as entidades que podem instituí-la, definidas na mesma Lei, o problema começa a ganhar contornos interessantes. Isso porque, na norma em questão, quem pode instituir arranjos de pagamento são pessoas jurídicas de direito privado, a teor do artigo 6º, II. Segundo a definição do próprio Banco Central, um instituidor de arranjos de pagamentos é *"a pessoa jurídica responsável pela criação do arranjo de pagamento como, por exemplo, as bandeiras de cartão de crédito. A ela cabe o papel de organizar e criar regras para o funcionamento do arranjo, observada a regulamentação do Banco Central"*[210].

O arranjo por ela proposto deve ser submetido à autorização pelo Banco Central, excetuados os casos de dispensa, tais como: a) quando o instituidor for ente governamental; ou; b) quando for arranjo fechado instituído por banco comercial, banco múltiplo com carteira comercial,

---

[210] In http://www.bcb.gov.br/pre/bc_atende/port/arranjo.asp#l, consultado em 09/10/2017.

caixa econômica, cooperativa singular de crédito e sociedade de crédito, financiamento e investimento.

Contudo, ao se colocar a moeda digital como um "arranjo de pagamento", o projeto não atenta para o aspecto essencial da tecnologia Bitcoin, que é uma tecnologia P2P. A adoção de uma arquitetura P2P (ponto a ponto) se insere na premissa básica do desenvolvimento da própria tecnologia, de não ser controlada por nenhuma autoridade central. Para isso, desenvolve o método de pagamento direto, em que apenas os diretamente envolvidos na transação de compra e venda trocam a moeda diretamente pelo produto ou serviço, sem haver necessidade de certificação da operação por uma autoridade central. Diante disso, questiona-se quem, no contexto da Lei, será o instituidor de pagamentos no caso de moedas digitais?

Também as instituições de pagamento, que porventura venham a aderir ao sistema ou arranjo de pagamentos, e que tem como atividade principal ou acessória: a) disponibilizar serviço de aporte ou saque de recursos mantidos em conta de pagamento; b) executar ou facilitar a instrução de pagamento relacionada a determinado serviço de pagamento, inclusive transferência originada de ou destinada a conta de pagamento; c) gerir conta de pagamento; d) emitir instrumento de pagamento; e) credenciar a aceitação de instrumento de pagamento; f) executar remessa de fundos; g) converter moeda física ou escritural em moeda eletrônica, ou vice-versa, credenciar a aceitação ou gerir o uso de moeda eletrônica; e h) outras atividades relacionadas à prestação de serviço de pagamento, designadas pelo Banco Central do Brasil.

A Lei veda expressamente que instituições de pagamento exerçam atividade de instituição financeira como concessão de crédito bancário ou gestão de uma conta bancária. (artigo 6º, § 2º). Um dos objetivos da referida Lei é justamente tornar claro que a prestação de serviços de pagamento não é exclusividade de instituições financeiras e permitir que instituições não financeiras prestem serviços de pagamento sem necessitar ser uma instituição financeira.

Não obstante esse seja um dos objetivos da referida Lei, ainda assim subsiste a exigência de que uma pessoa jurídica como instituidora de pagamentos, o que, necessariamente, atrai o óbice para o caso da tecnologia Bitcoin, que é por definição construída sob uma arquitetura de rede descentralizada e distribuída. Sobrevém o mesmo problema apontado anteriormente. Quem será responsável por instituir o "arranjo de pagamentos" bitcoin? Quem o Banco Central fiscalizará? Parece que o projeto de Lei não enfrenta tais problemas, deixando a cargo do aplicador da Lei, bem como do gestor da política monetária fazer como bem aprouver.

5.2.2 – A alteração da Lei 9.613/98

O PL 2303/2015, propõe realizar alteração no artigo 11 da Lei 9.613/98, inserindo o § 4º no artigo 11, com a seguinte redação:

"*§ 4o As operações mencionadas no inciso I incluem aquelas que envolvem moedas virtuais e programas de milhagens aéreas*"

Para a compreensão do alcance da alteração, necessário observar, em primeiro, o que dispõe o inciso I do referido artigo, bem como seu *caput*, interpretando-o de forma sistemática com o artigo 9º e 10, da mesma Lei, para entender o funcionamento dinâmico da norma.

O artigo 9º da Lei 9.613/98 elenca o rol de pessoas que estão sujeitas ao mecanismo de controle acerca das condutas tipificadas como lavagem de dinheiro. Essas pessoas, selecionadas a partir da constatação de se tratarem de setores e profissionais sensíveis, aos quais se impõem obrigações de registro e comunicação de atos suspeitos. Importa salientar que tal elenco é taxativo, segundo doutrina e jurisprudência. Assim, segundo o artigo 9º da Lei, sujeitam-se às obrigações referidas nos arts. 10 e 11 as pessoas físicas e jurídicas que tenham, em caráter permanente ou eventual, como atividade principal ou acessória, cumulativamente ou não: I - a captação, intermediação e aplicação de recursos financeiros de terceiros, em moeda nacional ou estrangeira; II – a compra e venda de moeda estrangeira ou ouro como ativo financeiro ou instrumento cambial; III - a custódia, emissão, distribuição, liquidação, negociação, intermediação ou administração de títulos ou valores mobiliários.

O parágrafo único do mesmo artigo estende a sujeição às obrigações previstas nos art. 10 e 11, a uma série de pessoas física ou jurídica que, em razão da natureza da atividade profissional ou empresária desenvolvida, tenha condições de saber a origem ilícita do dinheiro. Veja-se que tais pessoas, em razão do exercício de sua atividade profissional ou empresarial, teriam condições de saber se a origem do dinheiro é duvidosa e, por isso, tem o dever de colaboração com as autoridades. As obrigações a que estão submetidos são elencadas nos artigos 10 e 11 da Lei, que podem ser englobadas como obrigação de registro das transações (art. 10) e obrigação de comunicação das operações (art. 11).

O PL 2303-2015 propõe a alteração do artigo 11, inserindo o § 4º, no qual se estabelece que "as operações mencionadas no inciso I incluem aquelas que envolvem moedas virtuais e programas de milhagens aéreas". O inciso I do artigo 11 dispõe que:

> *Art. 11. As pessoas referidas no art. 9º:*
> *I - dispensarão especial atenção às operações que, nos termos de instruções emanadas das autoridades competentes, possam constituir-se em sérios indícios dos crimes previstos nesta Lei, ou com eles relacionar-se;*

Como se depreende da proposta de Lei, há avidente criminalização a priori da utilização de moedas digitais já que coloca as operações realizadas por tal meio como aquelas que dispensam especial atenção já que podem constituir-se em sérios indícios dos crimes de lavagem de dinheiro.

Mas, não obstante tal hipótese de criminalização, mais uma vez o legislador peca, pois ao observar o *caput* e inciso I do artigo 11, se depreende que as pessoas que devem comunicar tais operações são as elencadas no artigo 9º, quais sejam, aquelas que exercem atividade profissional ou empresária sensível, implicando em dever de colaboração. Contudo, mais uma vez, ao nos voltarmos para o desenho ou arquitetura da tecnologia Bitcoin, nos perguntamos onde encontraremos tais pessoas? A tecnologia tem como pressuposto básico a exclusão de qualquer intermediário na realização de transações financeiras. Logo, imputar o dever de colaboração para pessoas que tenham, diante do seu exercício profissional ou empresarial, conhecimento acerca das transações realizadas por meio de moedas digitais só evidencia o descompasso da disposição legislativa com aquilo que ela pretende regular.

A tecnologia Bitcoin foi desenvolvida em uma arquitetura de rede descentralizada e distribuída, tendo como base uma rede ponto a ponto (P2P), o que significa que as transações são realizadas sem a necessidade de uma autoridade certificadora ou mesmo de um intermediário nesta transação. Assim, questiona-se quem está obrigado a colaborar com informações relevantes acerca de transações financeiras realizadas em moeda digital?

A simples colocação das operações como, presumivelmente, ilícitas ante a disposição do inciso I, do artigo 11, bem como a possibilidade de que pessoas físicas tenham o dever de colaborar com informações ou registros contábeis (art. 9º), traria sérios riscos de uma criminalização *a priori*, das operações realizadas em moedas digitais bem como uma responsabilização criminal objetiva das pessoas que se utilizarem desse meio de pagamento, tanto no país, quanto fora dele.

5.2.3 – O artigo 3º do PL 2303/2015

O artigo 3º do Projeto de Lei em questão estende a aplicação das normas consumeristas, da Lei 8078/90, no que couber, às transações realizadas em moeda digital.

Muito embora seja louvável tal disposição, ela não deixa claro em que medida a lei consumerista se aplicaria a transações realizadas em moeda digital.

Ao que parece, o objetivo de se inserir os negócios jurídicos realizados em moedas digitais sob a égide da legislação consumerista foi no sentido de trazer segurança jurídica e previsibilidade nas transações virtuais, garantindo a certeza, aos agentes econômicos de que seus recursos não se perderão em transações sem qualquer garantia. Diante disso, a possibilidade de responsabilização civil ganha relevância nesse contexto. Por isso abordaremos em especial esse instituto e qual o modelo adotado no âmbito da Lei 8078/90.

Em uma breve análise, as organizações autônomas digitais (DAOs)[211] são provenientes de um novo conceito desenvolvido pela tecnologia da computação chamado *"contratos inteligentes" (smart contracts)* . Estes seriam contratos automatizados, em que a execução é feita pelo software, seguindo as condições – ou funções – criadas pelo usuário. Ou seja, quando alcançada uma condição preestabelecida (programada), o contrato é executado automaticamente. O conceito foi desenvolvido muito antes dos bitcoins, mas com base nos mesmos estudos e possivelmente pela mesma pessoa - o cientista e jurista Nick Szabo (no paper "Formalizing and Securing Relationships on Public Networks", escrito em 1997 e disponível na internet)[212].

No âmbito das DAOs, parte-se da ideia de que uma empresa é constituída por um feixe de contratos e, com base em tal concepção doutrinária, amplia-se o conceito de

---

211 *Um DAO é uma Organização Autônoma Descentralizada. Seu objetivo é codificar as regras e o aparelho de tomada de decisão de uma organização, eliminando a necessidade de documentos e pessoas no governo, criando uma estrutura com controle descentralizado. Veja como funciona: Um grupo de pessoas escreve os contratos inteligentes (programas) que irão executar a organização. Há um período inicial de financiamento, no qual as pessoas adicionam fundos ao DAO comprando tokens que representam a propriedade - isto é chamado de crowdsale, ou uma primeira oferta de moeda (ICO) - para lhe dar os recursos de que precisa. Quando o período de financiamento é longo, o DAO começa a operar. As pessoas então podem fazer propostas ao DAO sobre como gastar o dinheiro, e os membros que compraram podem votar para aprovar essas propostas. É importante compreender que foi tomado um grande cuidado para não fazer estes tokens em cotas ou ações de uma empresa - são mais como contribuições que dão a pessoas o direito de voto mas não a posse. Na maioria dos casos, um DAO não é propriedade de ninguém - é apenas software rodando na rede ethereum. O primeiro DAO é o próprio bitcoin, que é governado por consenso entre sua equipe principal e sua rede de mineração. Todos os outros DAOs foram lançados na plataforma ethereum. Tradução livre de notícia retirada do site:* http://www.coindesk.com/understanding-dao-hack-journalists/; *consultado em 09/03/201.*
212 MOMBELE, Elisa. Bitcoins, blockchain e a chegada dos contratos inteligentes. http://computerworld.com.br/bitcoins-blockchain-e-chegada-dos-contratos-inteligentes, consulta realizada em 22/03/2017.

contratos inteligentes até a noção de empresa como um conjunto de contratos firmados entre uma pluralidade de pessoas.

A base em que tais contratos são firmados, a blockchain, um sistema de registros construído com base na utilização de tokens, senha criptografada e tendo como pressuposto básico a formação de consenso em um sistema descentralizado, permite que tais contratos sejam registrados nos mais diversos nós da rede, certificando sua autenticidade.

A questão central é: como se verifica, em caso de dano causado pela constituição de uma DAO, como ocorreu no caso "the DAO"[213], quem é o responsável e como se dará a

---

213 *"The DAO" é o nome de um DAO particular, concebido e programado pela equipe por trás da startup alemã Slock.it - uma empresa construindo "fechaduras inteligentes" que permitem que as pessoas compartilhem suas coisas (carros, barcos, apartamentos) em uma versão descentralizada De Airbnb. The DAO foi lançada em 30 de abril de 2016, com uma janela de financiamento de 28 dias. Por alguma razão o DAO se tornou popular, levantando acima $ 100 milhões até 15º dia de maio, e pelo fim do período de financiamento, o DAO era o maior crowdfunding na história, tendo levantado acima de $ 150 milhões de mais de 11.000 membros entusiasmados. The DAO levantou muito mais dinheiro do que seus criadores esperavam. Pode-se dizer que o marketing foi melhor do que a execução, pois durante o crowdsale, várias pessoas expressaram preocupações de que o código era vulnerável ao ataque. Uma vez que o crowdsale era alto, havia muita discussão de inicialmente abordar as vulnerabilidades antes de começar a financiar propostas. Em particular, Stephan Tual, um dos criadores do DAO, anunciou no dia 12 de junho que um "erro de chamada recursiva" havia sido encontrado no software, mas que "nenhum fundo DAO estava em risco". Na época, mais de 50 propostas de projetos estavam esperando para que os detentores de tokens do DAO votassem sobre eles. É importante reiterar que a rede ethereum não tem esses bugs e tem funcionado perfeitamente o tempo todo. Todos os sistemas em rede são vulneráveis a vários tipos de ataques. A rede ethereum, que suporta (dependendo do preço) cerca de US $ 1 bilhão de éter, não foi cortada e está continuamente executando muitos outros contratos inteligentes. Todo mundo que escreve um contrato inteligente sabe que se ele pode mover uma grande quantidade de dinheiro que será objeto de ataque. Essa vulnerabilidade particular foi descoberta recentemente em outro sistema, chamado Maker DAO, e foi neutralizada rapidamente porque esse DAO ainda estava em testes. Muitas pessoas acham que testar e certificar contratos inteligentes será uma parte importante de manter o ecossistema ethereum seguro. É possível encontrar vários serviços de validação de*

indenização, ou seja, em caso de dano, como se procederá à execução do título executivo que dá direito ao lesado de reaver seus direitos.

Tal questão é relevante porque, inicialmente, há que se considerar que a moeda utilizada para o aporte de capital na DAO, é a criptomoeda. Assim, questiona-se se a indenização deve se dar na moeda que foi utilizada para o aporte, o que pode implicar um reconhecimento de que as chamadas criptomoedas são moedas na acepção do termo, o que traria uma série de consequências no âmbito das normas de conteúdo econômico, fugindo de uma abordagem meramente privatista inerente a responsabilidade civil. A segunda questão que se coloca é se uma DAO é uma empresa. Em resumo, qual a natureza jurídica de uma DAO. E se for reconhecida como uma empresa, isto é, se lhe reconhece como uma pessoa jurídica de direito privado, como submetê-la a legislação regente tanto de constituição de pessoas jurídicas quanto de instituições financeiras, já que a sua finalidade é apenas captação de recursos para investir em negócios.

Dado tais problemas, importa analisar, de forma independente, as implicações da adoção de cenários sem responsabilidade civil, com a responsabilidade objetiva e responsabilidade subjetiva, a fim de determinar, ante a realidade do espaço virtual, qual seria a melhor forma de

---

contratos inteligentes listados no site DecentralStation.com. Infelizmente, enquanto os programadores estavam trabalhando para resolver este e outros problemas, um atacante desconhecido começou a usar esta abordagem para começar a drenar o DAO de éter coletado a partir da venda de seus tokens. Até o sábado, 18 de junho, o atacante conseguiu drenar mais de 3,6 milhões de éter em uma "criança DAO" que tem a mesma estrutura do DAO. O preço do éter caiu de mais de US $ 20 para menos de US $ 13. Várias pessoas fizeram tentativas de dividir o DAO para evitar que mais éter fosse tomado, mas não conseguiam obter os votos necessários em tão pouco tempo. Como os designers não esperavam tanto dinheiro, todo o éter estava em um único endereço.

regulação ou mesmo de desregulação do setor, caso se entenda desnecessária.

Como já dito, em um modelo sem responsabilidade civil, como o é atualmente o espaço virtual onde se constituem as DAOs, os custos sociais decorrentes da ausência de adoção de precauções por parte dos eventuais agentes do dano não são internalizados, o que sem dúvida, implica em uma total insegurança jurídica.

Foi diante deste cenário que o caso "The DAO" ocorreu. Houve um aporte substancial de recursos monetários na organização, aporte esse que sequer era esperado pelos criadores da "empresa" e, diante da constatação de falhas de arquitetura do sistema, chamado *"erro de chamada recursiva"*[214], houve um hackeamento do sistema e a retirada de valores consideráveis do DAO e os investidores se viram diante de situação na qual não havia nenhum marco normativo que lhes garantisse a segurança jurídica necessária.

O caso "the DAO" corrobora a tese de que um modelo de total ausência de responsabilidade civil cria incentivos aos agentes causadores do dano, de não tomarem nenhuma precaução em relação a evitar o evento danoso.

Pode-se objetar então que, diante disso, um modelo de responsabilidade civil objetiva, baseada na teoria

---

214 Uma função recursiva é uma função que se refere a si própria. A ideia consiste em utilizar a própria função que estamos a definir na sua definição. No caso de erro em função recursivas, o mais usual é a recursão nunca parar. O número de chamadas recursivas cresce indefinidamente até esgotar a memória (stack), e o programa gera um erro. Em certas linguagens (Scheme) e implementações do Common Lisp, isto não é assim, e pode nunca ser gerado um erro. A recursão infinita é o equivalente das funções recursivas aos ciclos infinitos dos métodos iterativos do tipo while-do e repeat-until. In http://www.dca.fee.unicamp.br/courses/EA072/lisp9596/node17.html, consultado em 12/10/2017.

do risco, conforme o adotado na legislação consumerista, seria um modelo eficiente no âmbito dos negócios virtuais. Em tais modelos, o agente causador do dano deve tomar todas as precauções necessárias para evitá-lo, enquanto o lesado em nada precisa se precaver para evitar o dano. Contudo, em um ambiente digital, em que as mudanças são constantes e rápidas, seria uma exigência inatingível em relação ao autor do dano e que teria como efeito prático um total desincentivo aos agentes econômicos e investir no setor.

Há que se questionar também sobre como seria determinada essa responsabilidade objetiva por parte dos agentes causadores do dano. É visível que tal exigência já evidenciaria a necessidade de uma regulação sobreposta ao ambiente digital, mas é possível questionar se essa regulação deveria ser originada de um ente estatal, isto é, de um terceiro que não os agentes econômicos envolvidos na atividade ou se poderia ser uma autorregulação, decorrente de acordos sobrepostos fora do ambiente digital, ou até mesmo no bojo deste, em que se definiria que a responsabilidade civil seria suportada de forma objetiva pelo agente econômico que se beneficiasse da atividade.

Ao que tudo indica, o modelo de responsabilidade civil objetiva não evidencia uma eficiência. Isso porque lança sobre o agente um esforço inatingível de tomada de todas as precauções para se evitar todos os possíveis danos que, em um ambiente digital, podem se ampliar em uma progressão geométrica. Diante disso, seria um modelo que desincentivaria a exploração econômica do setor.

Como se depreende, a adoção da extensão da aplicação da legislação consumerista, conforme propõe o PL 2303/2015, em casos que envolvam transações com moedas digitais, ao menos no que tange á responsabilidade civil, não parece o mais razoável do ponto de vista econômico.

Quanto ao modelo de responsabilidade civil subjetivo, presente no direito civil, diante de sua característica de determinar um parâmetro normativo prévio de precaução a ser adotado pelo autor do dano, gera a certeza e previsibilidade deste em adotar as precações necessárias para se evitar o dano e fixa um parâmetro normativo que define a expectativa da sociedade em relação à conduta de quem explora a atividade econômica. Qualquer precaução além do parâmetro adotado torna-se inexigível ao agente do dano, retirando-lhe o dever de indenizar.

No que tange ao lesado, este também se submete a parâmetros normativos que, caso não sejam seguidos por ele, podem reduzir ou afastar o dever de indenizar do autor do dano, não obstante este tenha violado os parâmetros normativos acerca das precauções a serem adotadas.

Tal modelo traz previsibilidade nas condutas o que garante maior segurança jurídica no tráfico econômico. Contudo, tal modelo é explícito em exigir um arranjo jurídico institucional prévio que garanta tal segurança jurídica. Arranjo esse que ainda inexiste e que pelo PL 2303/2015, tem a tendência de tomar um rumo diametralmente oposto a adoção de modelo de responsabilidade civil subjetiva.

No caso "the DAO", ao que parece, não havia nenhum marco regulatório a fim de garantir a segurança jurídica necessária para o tráfico econômico naquele setor. A proposta do desenvolvimento de negócios no âmbito das redes descentralizadas é justamente a autorregulação e a ausência de qualquer terceiro que determine quem será responsável em caso de dano.

Propor um modelo de responsabilidade subjetiva para negócios realizados no âmbito da blockchain requer, necessariamente, a adoção de um marco regulatório sobreposto à autonomia negocial, a fim de garantir a segurança jurídica e previsibilidade das condutas dos agentes econômicos.

Como já foi analisado, modelos em que inexiste responsabilização, como o adotado no âmbito da plataforma blockchain, ou mesmo em que se entrega a responsabilidade civil ao poder de autotutela das partes não se mostram eficientes para garantir a previsibilidade nas relações econômicas.

No entanto, também fica evidente que a adoção de um modelo de responsabilidade objetiva, conforme propõe o citado projeto de lei, inserindo no âmbito da legislação consumerista as relações econômicas com moedas digitais, implica em ineficiência do mercado já que desestimula a realização de negócios em tal plataforma.

Colocar todo o ônus de precaução quanto a possíveis eventos danosos em apenas um dos lados da relação sobrecarrega um modelo de negócios que tem como pressuposto básico a realização de negócios diretos, sem intermediários. Sob uma arquitetura de rede descentralizada e distribuída, em uma economia de compartilhamento, o que poderá efetivamente produzir tal modelo de regulação será, efetivamente o desestímulo da adoção da plataforma de negócios.

5.2.4 - Crítica

Muito embora o projeto seja um avanço do Brasil na regulação do setor de negociação de moedas digitais, ainda deixa muito a desejar, posto que trata de forma superficial uma tecnologia que é extremamente complexa e que abre novos campos e perspectivas de negócios que até então não eram vislumbradas nas formas tradicionais de organização econômica.

Não obstante seja uma tentativa malfadada de regulação, o PL 2303/2015 tem o mérito de suscitar o debate sobre o tema espinhoso de regulação econômica das moedas digitais, proporcionando um primeiro passo em direção a sua internalização na economia formal.

CONCLUSÃO

O presente trabalho procurou investigar a relação entre o conceito de soberania na ordem econômica e sua relação com o monopólio estatal na emissão de moeda. Com o advento de novas tecnologias e em especial com o surgimento das criptomoedas, como meios de pagamento, reserva de valor e com a pretensão de se tornarem meios gerais de troca, a concepção, até então tida como pacífica, de que o monopólio estatal da emissão de moeda era expressão da soberania, sofreu uma profunda crítica. O discurso dos defensores da adoção da criptomoeda, como os libertários e cripto-anarquistas, defende que a lógica até então dominante do monopólio estatal de emissão de moeda como expressão da soberania, na verdade é um engodo perpetrado pelo Estado com o fito de manter a dominação e controle do mercado, impondo à sociedade os males decorrentes do monopólio estatal da emissão de moeda. Torna-se claro que a tecnologia de moedas digitais tem, como pano de fundo, um discurso profundamente ligado a determinadas visões de mundo de cunho político que a sustenta.

O conceito de soberania entra em questão quando se propõe a adoção de moeda que não seja controlada pelo estado. Ao propor a desestatização do dinheiro, os libertários tem como pressuposto básico que a última trincheira de monopólio do Estado sobre a economia seria a monopólio deste sobre a emissão de moeda. Assim, ao retirarem tal competência do poder do Estado e entregá-la ao mercado, a economia, como que por um passe de mágica (ou da "mão invisível), adentraria em um processo de eficiência plena.

Como profundos críticos do Estado e de sua intervenção no domínio econômico, os libertários consideram que a soberania estatal é um conceito vago e impreciso que tem a função única de legitimar os desmandos estatais. Sustentam que tal conceito sofre desgaste profundo decorrente da globalização dos mercados e do fortalecimento das relações internacionais e dos órgãos de regulação de mercados de âmbito supraestatal. Sustentam que o conceito de soberania sofre uma crise sem precedentes e que, diante da nova ordem mundial, há necessidade de se repensar o papel do Estado e de sua soberania na implementação de políticas econômicas no contexto de um mercado globalizado.

Para tanto, haveria que se questionar o próprio monopólio estatal de emissão de moedas. Como exemplo, apresentam a experiência da União Européia, em que os Estados membros declinaram do seu monopólio de emissão de moedas e assumiram a moeda única na zona do euro.

Foi a partir de tais pressupostos que se desenvolveu a moeda digital conhecida como bitcoin, exemplo de moeda sem qualquer controle estatal e que obteve expressivo crescimento diante da base tecnológica em que foi construída. Ao se desenvolver sob uma arquitetura de rede descentralizada e distribuída, tendo um sistema de registros de transações em bloco, conseguindo até o momento gerar consenso em um sistema descentralizado e distribuído, o bitcoin mostrou não ser apenas uma moeda digital mas também um paradigma de novas formas de interação econômica que aparentemente prescindem completamente da intervenção estatal.

Contudo, como em qualquer inovação tecnológica, além de trazer benefícios para a coletividade, ante o desconhecimento atual das suas potencialidades e mesmo pelos seus desenvolvedores e estudiosos, novos problemas surgem dessa mesma nova forma de interação social. Há desafios que devem ser enfrentados pelos seus usuários e também, quando estes não conseguem dar conta, pelos entes estatais.

Problemas como a total falta de previsibilidade e segurança jurídica decorrente do tráfico monetário no ambiente digital, o fluxo constante e volumoso de moedas digitais para realização de transações ilícitas, a utilização dessas moedas como ativos financeiros de alto rendimento e de altíssimo risco, ensejam a atuação do Estado, não obstante a proposta de autorregulação seja a base da presente tecnologia.

É nesse contexto que surge o problema central que foi investigado no presente trabalho: é o monopólio estatal de emissão de moeda expressão da soberania estatal? Se assim o fosse, em um cenário em que se prescinde do Estado para emitir moeda, poder-se-ia concluir, com os libertários, que há uma limitação *a priori* da atuação estatal, já que não haveria como impor sua vontade sobre o volume de moeda circulante por força de não poder emiti-la. No entanto, se a soberania estatal na ordem econômica não se expressa apenas no monopólio de emissão de moeda, mas sim, através da política monetária, então, o Estado pode, por meio de regulação econômica, interferir nas relações econômicas ocorridas com moedas digitais sem qualquer limitação *a priori*.

Ao realizar a presente investigação, tem-se que a soberania estatal não se expressa no monopólio estatal da emissão de moeda, mas sim na própria política monetária. Desta forma, a soberania, enquanto ordem coativa, em sua dimensão *Imperium*, se expressa através da implementação da política econômica em geral e na política monetária em particular. Diante da complexidade em que as relações econômico-financeiras se realizam hoje, com o advento da globalização, da volatilidade do capital, evidente que a política monetária ganha expressivo relevo na execução dos objetivos estatais de controle da inflação associado a um crescimento sustentável da economia doméstica.

A ideia do monopólio estatal da emissão de moeda como expressão da soberania não se sustenta diante da realidade atual. Contudo, mesmo não havendo sustentação para esta tese, não há como se olvidar que o Estado ainda tem papel relevante na efetivação do equilíbrio econômico, na medida em que, por meio do exercício do poder coativo presente nas normatizações realizadas pelos órgãos responsáveis pela delimitação e implementação da política monetária, exerce o poder ou *enforcement*, inerente a atuação estatal.

Tal exercício do poder coativo estatal, manifestado pelos comandos normativos existentes nas decisões de política econômica, tem o papel de trazer previsibilidade e segurança jurídica aos agentes econômicos.

Segurança essa que não é alcançada com o modelo de autorregulação.

Contudo, diante da realidade digital e da modelagem dos negócios que ocorrem sob a sua base (arquitetura de rede descentralizada e distribuída), surge um desafio maior ao Estado no desempenho de suas funções regulatórias. Desafio esse decorrente da necessidade de regulação, mantendo a liberdade dos agentes econômicos de livremente negociarem. Tal desafio decorre do fato de ser um setor tecnológico que tem avanços constantes, que necessita de tal regulação a fim de garantir segurança jurídica aos agentes econômicos e que mesmo sendo regulado, precisa manter suas características de ambiente livre e incentivador de novas formas de negociação.

Ao analisar a proposta de regulação do setor presente no Brasil, identifica-se que a abordagem adotada pelo Estado brasileiro ao invés de harmonizar a dicotomia segurança/liberdade, o que se propõe é reprimir a utilização da tecnologia. Posto que seja uma iniciativa malfada, ainda assim representa um avanço na tentativa de propor uma discussão acerca de tecnologia de moedas digitais. Tal discussão tem relevância, pois, em uma sociedade democrática, sem a deliberação e discussão sobre o tema no âmbito da sociedade, não há possibilidade de enfrentamento das questões e busca de uma solução consensual para elas. Em resumo, muito embora o projeto não seja ideal para a regulação do setor, ainda assim suscita o debate necessário em Estados democráticos.

Conclui-se o presente trabalho tendo como certo que o assunto não foi completamente esgotado mas que identifica e responde a pergunta formulada acerca da soberania estatal no controle de emissão de moedas: a política monetária implementada por órgãos estatais competentes é expressão da soberania estatal que se manifesta através da ordem jurídico-político-econômica e que, através da regulação econômica, trás a previsibilidade e segurança aos agentes econômicos, sendo prescindível para isso, o mero monopólio de emissão de moeda.

REFERÊNCIAS BIBLIOGRÁFICAS

A.ARNIO, Aulis – the rational as reasonable a treatise on legal justification. Kluwer Academic Publishers Group. Dordrecht, Holland. 1987.

AGOSTINHO, Santo. Cidade de Deus. Vol I, Livros I a VIII, Trad: José Dias Pereira. 2ª edição. Editora Fundação Calouste Gulbenkian. Lisboa. 1996.

AQUINO, Tomás de. Suma Teológica. Tomo I. Edições Loyola. São Paulo. 2003.

_____. Suma Teológica. Tomo III. Edições Loyola. São Paulo. 2003.

ANTONOPOULOS, Andreas M. Mastering Bitcoin. LLC https://bitcoinbook.info. Copyright 2016. consultado em 19/02/2017

ALEXY, Robert. Teoria da Argumentação Jurídica: A teoria do discurso racional como teoria da fundamentação jurídica. 3ª edição. Ed. forense. Rio de Janeiro. 2011.

_____. O conceito e validade do direito. Ed. WMF Martins Fontes. São Paulo. 2009.

_____. Constitucionalismo Discursivo. 3ª edição. Ed. Livraria do advogado. Porto Alegre. 2011.

ARISTÓTELES. Metafísica. Vol II. Trad. Marcelo Perine. Ed. Loyola. São Paulo, 2002.

_____. Ética a Nicômaco. Trad. Edson Bini. 3ª edição. Editora EDIPRO. Bauru. 2009.

_____. A política. In Aristóteles vida e obra. Editora Nova Cultural. São Paulo. 1999.

AUSTIN, John Langshaw. Quando dizer é fazer. Tradução: Danilo Marcondes de Souza Filho. Editora Artes Médicas. Porto Alegre. 1990.

AVELÃS NUNES, António José. Uma introdução à economia política. Ed. Quartier Latin. São Paulo.

BOBBIO, Noberto. Teoria do Ordenamento Jurídico. Ed. EDIPRO. São Paulo. 2011.

_____. O positivismo Jurídico: Lições de Filosofia do Direito. Ed. Ícone. São Paulo. 2006.

_____. Teoria Geral da Política: A filosofia política e a lição dos clássicos. Org. Michelangelo Bovero. Tradução: Daniela Beccaccia Versiani. Editora Elsevier. Rio de Janeiro. 2000.

BODIN, Jean. Les six livres de la République. Un abrégé du texte de l'édition de Paris de 1583. Édition et présentation de Gérard Mairet. Paris : Librairie générale française, 1993, 607 pp. Le livre de poche, LP17, n° 4619. Classiques de la philosophie. Livro 1

BONAVIDES, Paulo. Ciência Política. 18ª edição. Editora Malheiros. São Paulo. 2011

BOURDIEU, Pierre. A economia das trocas simbólicas. Editora Perspectiva. São Paulo. 2007.

CAMARGO, Ricardo Antônio Lucas. Curso Elementar de Direito econômico. Porto Alegre: Ed Nuria Fabris, 2014.

_____. Economia Política para o curso de direito. Ed. Sérgio Antonio Fabris. Porto Alegre. 2012.

_____. Direito econômico: aplicação e eficácia. Ed. Sérgio Antônio Editor. Porto Alegre. 2001.

CANARIS, Claus-Wilhelm. Pensamento sistemático e conceito de sistema na ciência do direito. Tradução Menezes Cordeiro. 5ª Edição. Ed. Fundação Calouste Gulbenkian. Lisboa. 2012.

COOTER, Robert. Direito e economia. 5ª edição. Ed. Bookman. Porto Alegre. 2010.

CROPSEY, Joseph e Miriam Strauss (organizadores). História de filosofia política. Tradução: Letícia Garcia Urriza, Dianna Luz Sánchez e Juan José Urtilla. Editora Fondo de Cultura Económica. México. 1993.

DILTHEY, Wilhelm. A construção do mundo histórico nas ciências humanas. Tradução Marcos Casanova. Editora UNESP. São Paulo. 2010

DWORKIN, Ronald. O império do direito. 2ª Edição. Ed. WMF Martins Fontes. São Paulo. 2007.

_____. Levando os direitos a sério. 3ª Edição. Ed. WMF Martins Fontes. São Paulo. 2010.

DURAN, Camila Villard. A moldura jurídica da política monetária: um estudo do Bacen, do BCE e do Fed. editora Saraiva. São Paulo. 2013.

DURKHEIM, Emile. As regras do método sociológico. Trad. Paulo Neves. 3ª Edição. Editora Martins Fontes. São Paulo. 2007.

EPSTEIN, Isaac. O paradoxo de Condorcet e a crise da democracia representativa. **Estud. av.**, São Paulo , v. 11, n. 30, p. 273-291, Aug. 1997 . Available from <http://www.scielo.br/scielo.php?script=sci_arttext&pid=S0103-40141997000200017&lng=en&nrm=iso>. access on 07 May 2017. http://dx.doi.org/10.1590/S0103-40141997000200017. Consultado em 07 de maio de 2017.

FERRAJOLI, Luigi. Pricípia iuris: teoría del derecho y de la democracia. Vol. 2. teoría de la democracia. Ed. Trota. Madrid. 2007.

GADAMER, Hans-Georg. Verdade e Método, Vol I. 10ª edição. Ed. Vozes. 2008.

GALGANO, Francesco. Lex mercatoria. 5ª Edizione. Società editrice il Mulino. Bolonha. 2010.

GIERKE, Otton von. Giovanni Althusius e lo sviluppo storico delle teori politiche giusnaturalistiche. Trad. de Antonio Giolitti. Turim. Einaudi Editore

HAACK, Susan. Filosofia das lógicas. Tradução: Cezar Augusto Mortari. Ed. UNESP. 2002.

_____. Diga "não" ao negativismo lógico. Consultado no site: https://www.academia.edu/7383168/Diga_N%C3%A3o_ao_Negativismo_L%C3%B3gico_Uma_cr%C3%ADtica_%C3%A0_filosofia_negativista_l%C3%B3gica_da_ci%C3%AAncia_de_Karl_Popper_e_seu_crit%C3%A9rio_de_demarca%C3%A7%C3%A3o, em 29/09/2016.

HABERMAS, Jürgen. A ética da discussão e a questão da verdade. Tradução: Marcelo Brandão Cipolla. 2ª edição. Ed WMF Martins Fontes. São Paulo. 2007.

_____. Pensamento pós- metafísico: estudos filosóficos. Editora Tempo Brasileiro. Rio de Janeiro. 1990.

_____. Teoria do agir comunicativo. Vol 1: racionalidade da ação e racionalização social. Tradução: Paulo Astor Soethe. Editora WMF Martins Fontes. São Paulo. 2012.

_____. Teoria do agir comunicativo. Vol 2: sobre a crítica da razão funcionalista. Tradução: Flávio Beno Siebeneicher. Editora Martins Fontes. São Paulo. 2012.

_____. Direito e democracia: entre a facticidade e validade. Vol I, Tradução: Flávio Beno Siebeneicher. Editora Tempo Brasileiro. Rio de Janeiro. 2010.

HAYEK, Friedrich A. Desestatização do Dinheiro. 2ª edição. São Paulo: Instituto Ludwig von Mises. Brasil, 2011.

_____. Desemprego e política monetária. 2ª edição. São Paulo: Instituto Ludwig von Mises. Brasil, 2011.

HART. H. L. A. O conceito do Direito. Ed. WMF Martins Fontes. São Paulo. 2009.

HEIDEGGER, Martin. Introdução à filosofia. Tradução Marco Antônio Casanova. Editora Martins Fontes. São Paulo. 2008.

_____. Os problemas fundamentais da fenomenologia. Tradução Marco Antônio Casanova. Editora Vozes. Petrópolis, RJ. 2012.

_____. Ser e tempo. Edição bilíngue. Tradução: Fausto Castilho. Editora UNICAMP, VOZES. Petrópolis/RJ. 2012.

HELLER, Hermann. Teoria del estado. Trad LuisTobío. Editora Fondo de Cultura Económica. Pánuco. 1963.

HOBBES, Thomas. O leviatã, ou, matéria, forma e poder de um Estado eclesiástico e civil. Tradução: Rosina D'Angina. Editora Martin Claret. São Paulo. 2009.

HUME, David. Tratado da Natureza Humana: Uma tentativa de introduzir o método experimental de raciocínio nos assuntos morais. Tradução Débora Danowski. 2ª Edição. Ed. UNESP. São Paulo. 2009.

HUSSERL, E. Investigações lógicas: sexta investigação: elementos de uma elucidação fenomenológica do conhecimento. Tradução de Z. Loparic. 1. Ed. São Paulo: Abril Cultural, 1975. (Os pensadores)

_____.Investigações lógicas: segundo volume, par te I: investigações para a fenomenologia e a teoria do conhecimento. Tradução de P. M. S. Alves e C. A. Morujão. Rio de Janeiro: Forense Universitária, 2012.

_____.Investigações lógicas. Primeiro volume: Prolegômenos à lógica pura. Tradução de D. Ferrer. Lisboa: Centro de Filosofia da Universidade de Lisboa, 2005.

_____. Ideias para uma fenomenologia pura e para uma filosofia fenomenológica. Tradução de M. Suzuki. Aparecida, SP: Ideias & Letras, 2006.

JOHNSON, Harry M. Introdução sistemática ao estudo da sociologia. Tradução: Edmond Jorge. Editora Lidador. Rio de Janeiro. 1967.

Jornal Oficial da União Europeia. C 326, de 26 de outubro de 2012. https://www.ecb.europa.eu/ecb/legal/pdf/c_32620121026pt.pdf, consultado em 14/05/2017.

KANT, Immanuel. Crítica da Razão Pura. 4ª edição. Ed. Fundação Calouste Gulbekian. Lisboa, 1997.

KELSEN, Hans. Teoria Pura do Direito. 8ª Edição. Ed. WMF Martins Fontes. São Paulo. 2009.

KEYNES, John Maynard. Coleção os Pensadores. Vol. XLVII. Ensaios econômicos. Artigo: Inflação e deflação. 1ª edição. Editora Abril. 1976

_____. A teoria geral do emprego, do juro e da moeda; inflação e deflação. Tradução: Paulo de Almeida. 2ª edição. Editora Nova Cultural. São Paulo. 1985.

_____. A treatise on money: in two volumes. Martino Publishing. New York. 2011.

KIRK, G. S. et Al. Os filósofos Pré-Socráticos. Ed. Fundação Calouste Gulbenkian. Lisboa. 2010.

KNEALE e KNEALE, W e M. O desenvolvimento da lógica. 2ª edição. Ed. Fundação Calouste Gulbenkian. Lisboa. 1968.

KHUN, Thomas. A estrutura das Revoluções Científicas. 5ª Edição. Editora Perspectiva. São Paulo. 1998.

LAJUGIE, Joseph. Os sistemas econômicos. Tradução: Geraldo Gerson de Souza. 5ª edição. Coleção "saber atual". Editora Difel. São Paulo. 1976

LARENZ, Karl. Metodologia da ciência do direito. Tradução José de Sousa e Brito e José Antônio Veloso. 2ª Edição. Editora Fundação Calouste Gulbenkian. Lisboa. 1969.

LOCKE, John. Segundo tratado sobre o governo civil. Trad: Magda Lopes e Marisa Lobo da Costa. Editora Vozes. São Paulo. in: http://www.xr.pro.br/if/locke-segundo_tratado_sobre_o_governo.pdf, consultado em 14/07/2017

LUÑO, Antonio Enrique Pérez. Impactos sociales y jurídicos de Internet. Argumentos de razón técnica: Revista española de ciencia, tecnología y sociedad, y filosofía de la tecnología, ISSN1139-3327, Nº 1, 1998, 33-48, in http://www.argumentos.us.es/numero1/bluno.htm, consultado em 10/06/2017.

_____. Internet y los derechos humanos. Anuario de Derechos Humanos. Nueva Época. Vol. 12. 2011 (287-330) http://dx.doi.org/10.5209/rev_ANDH.2011.v12.38107. Consultado em 10/06/2017.

LUHMANN, Niklas. Sociologia do direito. Vols. I e II. Ed. Edições Tempo Brasileiro. 1983.

MACCORMICK, Neil. Argumentação jurídica e teoria do direito. 2ª Edição. Ed. WMF Martins Fontes. São Paulo. 2009.

MANKIW, N.Gregory. Introdução à economia. Tradução: Allan Vidigal Hastings. Elisete Paes e Lima. Editora Cengage Learning. São Paulo, 2012.

NAKAMOTO, Satoshi. Bitcoin: A Peer-to-Peer Electronic Cash System. www.bitcoin.org. Consultado em 19/02/2017.

ORESME, Nicole. Pequeno tratado da primeira invenção das moedas (1355) Nicole Oresme ; tradução de Marzia Terenzi Vicentini. Sobre a moeda (1526) / COPÉRNICO, Nicolau ; tradução de Alessandro Henrique Poersch Rolim de Moura. - Curitiba. Segesta, 2004.

PAUPÉRIO, Machado A. O conceito polêmico de soberania. 2ª edição. Editora Forense. Rio de Janeiro. 1958.

PLATÃO. Sofista. Coleção Os Pensadores. Vol. III. Editora Abril. SãoPaulo. 1972

POSNER. Richard. A economia da justiça. Ed. WMF Martins Fontes. São Paulo. 2010.

_____. Problemas de filosofia do direito. Ed. WMF Martins Fontes. São Paulo. 2007.

POPPER, Karl. A lógica da pesquisa científica. Tradução: Leonidas Hegenberg e Octanny Silveira da Mota. 2ª Edição. Ed. Cultrix. São Paulo. 1974.

QUINE, Willard Van Orman. De um ponto de vista lógico. Ed. UNESP. São Paulo. 2011.

ROUSSEAU, Jean-Jacques. A origem da desigualdade entre os homens. Tradução Ciro Mioranza. Editora escala. 1990.

RUSSEL, Bertand. Introdução à filosofia da matemática. Tradução: Giasone Rebuá. 10ª edição. Editora Zahar editores. Rio de Janeiro. 1963.

SCHMITT, Carl. O conceito do político/ teoria do partisan. Trad. Geraldo de Carvalho. Editora Del Rey. Belo Horizonte. 2008

SENA, José Julio. Política monetária: idéias, experiências e evolução. Editora FGV. Rio de Janeiro. 2010.

SILVA, Luiz Afonso Simoens do. Moeda e crise econômica global. Ed. 1ª. Editora Unesp. São Paulo, 2015

SOFFER, G. Husserl and the Question of Relativism. Dordrecht: Kluwer Academic Publishers, 1991. (Phaenomenologica 122).

SOLON, Ari Marcelo. Teoria da soberania como problema da norma jurídica e da decisão. Editora Sergio Antônio Fabris Editor. Porto Alegre. 1997.

SOMBART, Werner. Os judeus e a vida econômica. Tradução Nélio Schneider. 1ª edição. Edtora UNESP. São Paulo. 2014.

SOUZA, Washington Peluso Albino. Do econômico nas constituições vigentes. Vols. 1 e 2. Editora Revista Brasileira de Estudos Políticos. Rio de Janeiro. 1961.

_____. Primeiras linhas de direito econômico. 6ª edição. Editora Ltr. São Paulo. 2005.

_____. Direito econômico. Editora Saraiva. São Paulo. 1980.

TARSKI, Alfred. A concepção semântica da verdade: textos clássicos de Tarski. Ed. Unesp. São Paulo. 2007.

TOCQUEVILLE, Alexis de. A democracia na América: leis e costumes de certas leis e de certos costumes políticos que foram naturalmente sugeridos aos americanos por seu estado social democrático. Tradução: Eduardo Brandão. 2ª edição. Editora Martins Fontes. São Paulo. 2005.

TOURNADRE-PLANCQ, Jérôme.De nouveaux modes d'expression démocratiques: La démocratie électronique: quelles attentes? In http://www.ladocumentationfrancaise.fr/var/storage/libris/3303330403563/3303330403563_EX.pdf. Consultado em 10/06/2017.

ULRICH, Fernando. Bitcoin - a moeda na era digital. 1ª edição. Instituto Ludwig Von Mises Brasil. São Paulo. 2014.

WEBER, Max. Economia y sociedad: esbozo de sociologia comprensiva, vols. I e II. Editora Fondo de Cultura Económica. México. 1964.

_____. História económica general. Tradução Manuel Sánchez Sarto. Ed. Fondo de Cultura Económica. México. 2001.

WIEACKER, Franz. História do direito privado moderno. Tradução de A.M. Botelho Hespanha. 4ª edição. Fundação Calouste Gulbenkian. Lisboa. 2010.

WITTGENSTEIN, Ludwig. Tractatus Logicus Philosophicus. 2ª edição. Ed. EDUSP. São Paulo. 1994.

_____. O livro azul. Ed. Edições 70. São Paulo. 1992.

_____. Investigações filosóficas. Ed. Nova Cultural. São Paulo. 1999.

VAGTS, Detlev F. Transnational business problems. 2Nd Ed. University casebook series, 1998.

VIEHWEG, Theodor. Tópica e jurisprudência. 5ª edição. Ed. Sergio Antonio Fabris. Porto Alegre. 2008.

VIEIRA, Allan Josué. A noção de verdade na fenomenologia de Husserl: entre correspondência e coerência. Ekstasis: revista de hermenêutica e fenomenologia, V.4 | N.1 [2015]. http://www.e-publicacoes.uerj.br/index.php/Ekstasis/article/view/16375/13353, consultado em 17/04/2017

ZIPPELIUS, Reinhold. Teoria do Estado. Tradução Antonio Cabral de Moncada. Edição 2ª. Editora Fundação Calouste Gulbenkian. Lisboa. 1988.

www.ingramcontent.com/pod-product-compliance
Lightning Source LLC
Chambersburg PA
CBHW031618210526
45464CB00004B/1631